股权激励

让员工像老板一样工作

臧其超 著

中国经济出版社
CHINA ECONOMIC PUBLISHING HOUSE

图书在版编目（CIP）数据

股权激励：让员工像老板一样工作 / 臧其超著 . --
北京：中国经济出版社，2021.10
ISBN 978-7-5136-6537-7

Ⅰ. ①股…　Ⅱ. ①臧…　Ⅲ. ①股权激励—研究　Ⅳ.
① F272.923

中国版本图书馆 CIP 数据核字（2021）第 140524 号

责任编辑　严　莉
责任印制　巢新强
封面设计　夏海波

出版发行　中国经济出版社
印 刷 者　天津文林印务有限公司
经 销 者　各地新华书店
开　　本　787mm×1092mm　1/16
印　　张　15
字　　数　123 千字
版　　次　2021 年 10 月第 1 版
印　　次　2021 年 10 月第 1 次
定　　价　65.00 元
广告经营许可证　京西工商广字第 8179 号

中国经济出版社 网址 www.economyph.com 社址 北京市东城区安定门外大街 58 号 邮编 100011
本版图书如存在印装质量问题，请与本社销售中心联系调换（联系电话：010－57512564）

股权激励：构建共赢体系

在中国，企业的平均寿命只有 7 ~ 8 年，而民营企业的平均寿命只有 2.9 年；生存超过 5 年的不到 9%，超过 8 年的不到 3%。为什么国内企业的寿命如此之短？

我们以中小民营企业为例进行深入探讨。中小民营企业创业之初，有一个英明的老板，有一个好的商业模式，再加上一些骁勇善战的员工，一般都能做得不错。但是，伴随着企业的发展，公司人员的增加，公司组织结构不断膨胀，进而引发了一系列的问题。

在信息不对称和授权体系不完善的情况下，老板不知道员工在做什么，担心下属做不好，不敢轻易授权。如果老板不给经理人授权，就会使自己忙得焦头烂额，公司管理混乱，企业整体效率低下，经理人的才能不能得到充分的施展，致使优秀人才离开企业；可是如果老板给经理人授权，由于老板和经理人之间的信息不对称，也可能出现经理人利用手中权力欺骗老板，或者是经理人不作为的情况。

该如何解决这个两难的问题？实施股权激励是个不错的方法。

股权激励将激励对象与企业的发展进行利益捆绑，被誉为“经理人的金手铐”和企业发展壮大的“终极王牌”。

不少老板认为，股权激励比较适合上市公司。实际上恰恰相反，股权激励更适合非上市公司。

原因有三点：第一，非上市公司成长性强，实施股权激励能收到很好的效果；第二，在上市公司，股份收益往往受到外界金融环境的影响，比如股价的涨跌、是牛市还是熊市等，同时由于我国金融市场的有效性相对较差，激励对象获得的收益往往与自己的工作绩效不相称；第三，在上市公司，实施股权激励需要经过股东大会或董事会的批准，需要其他部门做好审查工作，不像中小企业，老板说了算。因此，非上市公司往往更适合实施股权激励。

不管是在过去、现在，还是未来，股权激励都是提升企业整体绩效不可或缺的管理工具。从华为的案例中我们可以获得更多启发。

华为于1987年成立于中国深圳。在三十多年的时间里，华为以开放的姿态参与全球化的经济竞争，逐步成长为一家业务遍及全球一百七十多个国家和地区、年产值上千亿元的全球化公司。

华为的成功，很大一部分源自股权激励。1990年，华为开始尝试员工持股制度。由贸易公司转型为自主研发型企业的华为，为解决研发投入大、资金紧张、融资困难的问题，开始实行员工持股计划。在当时的股权管理过程中，华为将这种方式明确为员工集资行为。参股的价格为10元/股，以税后利润的15%作为股份分红，向技术、管理骨干配股。这种方式为华为企业赢得了宝贵的发展资金。

1997年深圳市颁布了《深圳市国有企业内部员工持股试点暂行规定》，华为参照这一规定对公司员工持股制度进行改制，完成了第一次增资。华为当时在册的2432名员工的股份全部转到了华为公司工会的名下，占总股份的61.86%。此时，随着公司效益的提升，华为逐步从资金困境中解脱出来，员工持股制度在担负内部融资任务的同时，也演变成为一种重要的激励制度，与工资、年终奖金、安全退休金等一起共同构成了华为的薪酬体系。这次改革后，华为员工股的价格改为1元/股。

此时，华为已进入高速增长时期，为提高对人才的吸引力，华为在提高薪酬的同时加大了员工配股力度。随着年销售额的增长，员工股的回报率常常能超过70%。华为的新员工还可以通过向公司设立的内部员工银行贷款来购买股票，以解决购股资金不足的问题。华为的高新技术员工持股激励政策形成了强大的人才磁场，使华为聚集了大批行业优秀青年人才。

2001 年，华为聘请国际著名咨询公司，开始对其股权制度进行调整变革。改制后，华为不再向员工配发 1 元 / 股的原始股票，而是以公司年末净资产折算价值的期权。老员工的股票按 2001 年末公司净资产折算，增值到 2.64 元 / 股。员工离开公司时必须按上年股价将股权转让给公司。此外，随着公司规模的扩大，华为在新期权的配发上放慢了脚步，股权倾斜到少数核心员工及优秀员工身上，对于大多数普通员工的中长期激励，采取以原有股票的分红权为主、减少新增配股的方式。这种转变标志着华为随着企业规模的扩大和员工人数的增多，已将股权激励从普惠激励转变为中高层激励。

华为员工持股计划经历了自由产生到逐步规范化的演变过程。

华为员工持股计划之所以能成功，首先，是因为任正非的诚信。这一激励手段确实能够起到激励和留住员工的作用，但同时也有着很大的不确定性，通过对离职员工信守承诺，任正非赢得了员工的信任。

其次，是因为持续的高分红、高配股。为减小支付现金红利造成的财务压力，华为在每年高额分红的同时向员工高额配股。这样做可谓一举两得，一是坚定了员工持有和购买股票的信心，二是避免了因分红给公司带来的现金压力。

最后，是因为华为独特的企业文化。虽然绝大多数员工都选择用分得的红利购买配股，但仍有少部分员工选择领取现金红利，对于这部分员工，华为绝不拖欠。到了第二年，这部分员工看到其他员工又能分得可观红利，一定会后悔当初的选择。事实上，影响远不止于此，华为的企业文化绝对是奖励认同公司价值观的员工，对于那些对公司抱有怀疑态度的不坚定分子是不会重用的，他们在公司的发展前景会很暗淡。这样的文化氛围进一步支持了华为员工持股计划的开展。

在本书中，我将从思维层面入手，逐步深入，同时辅以案例进行阐述，落地性强，使企业家逐步领略到股权激励的魅力，触碰到管理的精髓。

期盼我国有更多的企业能做好股权激励，能够诞生更多世界级的知名企业，能够有更多优秀的企业家脱颖而出！这也是我不断前进的动力所在。

目录

01 PART 确立思维：掌握原理，避开陷阱

经营企业的核心在于经营人，经营人的核心在于经营人的动力，股权激励的目的就是经营人和人的动力。股权激励首先需要企业家将思路打开，思维一开，企业经营方法自来。

第 1 章　破局：思维比方法更值钱

企业发展到一定阶段，似乎触碰到了成长的天花板——停滞不前；企业核心人才流失，老板始终无法有效监管下层员工；老板劳心劳力，员工没有动力……面对一系列难题，我们不妨先从员工入手，用股权激励激发员工“核动力”。本章意在帮助企业建立股权激励的思维模式，提升企业家思维境界，破解企业发展困局！

第2章　避险：跳出股权激励思维陷阱

股权激励就是一把双刃剑，用得好，威力无边，用得不好，自伤筋脉。股权激励的陷阱在于没有长远的眼光进行统筹规划，没有配套机制进行相应约束，没有向员工彰显股权在不久的未来应有的价值。本章从股权激励的思维陷阱入手，帮助企业家扫清股权激励的思维障碍。

第3章　入道：股权激励让钱权合一

企业的经营者拥有企业的经营权，却没有企业的收益权、决策权等。股权激励的意义就在于让企业经营者在经营企业过程中，分享企业成长带来的收益及相应的权利等，并共同承担风险，其核心在于激励和约束优秀人才。本章从股权激励的基础知识入手，帮助企业家掌握股权激励的核心思维原理。

02 PART 落地工具：灵活运用，游刃有余

股权激励技术层面的东西并不难掌握，最难掌握的是其中蕴含的内在思想。企业采用哪种工具，运用哪种方法去实施股权激励，似乎没有固定套路，其关键就在于是否适合企业发展需求。好的激励模式必须达到预期效果，并且是长期的效果。

第 4 章　掌控：10 大利器各有玩法

股权激励可采用的工具是多种多样的，每一种工具都有它的适用范围。所有权、分红权、增值收益权及各种限制条件等的不同侧重，产生了各种不同的股权激励工具，企业需要侧重于哪方面权利或限制条件，就可选择相应的股权激励工具。

第5章 延伸：组合工具威力无边

在企业实施股权激励过程中，由于受到环境变化影响，以及不同人群激励方式的不同的因素影响，股权激励工具选择呈现多样性。在掌握10大利器的基础上，企业需要学会将其灵活运用，从而生发出适合自身需要的股权激励工具。

第6章 构建：10大要素框定模型

企业老板掌握了股权激励的工具，但是，不知道如何实施股权激励，不知道从哪方面进行思考，怎么办？只要厘清股权激励的10大要素，股权激励方案自然水到渠成。不同企业、不同发展阶段，企业实施股权激励都需要考虑这10大要素。

第 7 章 实操：巧用方法彰显威力

股权激励一方面在于激励，另一方面在于约束。因此，在实施股权激励的过程中，要考虑激励的中短期和长期性相结合，在激励过程中体现约束性。企业家应巧用方法，对不同人群体现不同的激励强度，以实现全方位立体激励，拉动企业持续成长。

第 8 章 运用：步骤分解有法可循

企业如何一步步导入股权激励方案，实现既定的激励目标，推动企业快速向前？实践证明，企业需要有完善的股权激励实施方案，按照步骤逐步实施。本章重点在于对股权激励的方案进行步骤分解，实现流程化设计。

03 PART 激励策略：
因事制宜，与时俱进

环境在变，企业在变，股权激励策略也需要适应环境而进行改变。股权激励需要考虑长远，放眼全局，同时又要防范风险，尤其是企业控制权的丧失、经理人损害股东利益等问题。本篇从不同时期、不同人群股权激励策略及完善治理结构、防范企业风险入手，站在全局角度，统筹股权激励策略。

第 9 章　布局：不同时期、不同人群、不同的股权激励策略

企业发展的不同时期，股权激励的策略是不一样的；面对不同的人群，企业实施股权激励的方式、方法也会有很大的差别。企业需要综合、长远统筹，既要激励、约束激励对象，又要不断完善公司治理结构。

第10章 管控：完善治理结构，防范企业风险

因股权激励不当带来的问题是多方面的。随着企业的发展壮大，股份的逐步分散，完善公司治理结构是企业必须要走的路，尤其是需要借助资本实现快速发展的企业。股权激励、公司治理中的5道防线是防范经理人不良行为的有力保障。

01

确立思维：

掌握原理，避开陷阱

▼

经营企业的核心在于经营人，经营人的核心在于经营人的动力，股权激励的目的就是经营人和人的动力。股权激励首先需要企业家将思路打开，思维一开，企业经营方法自来。

第1章
破局：思维比方法更值钱

■为什么有的企业上下同心，有的企业却人心涣散？

■为什么有的企业花重金培养员工，却成为竞争对手培养人才的“黄埔军校”？

■为什么公司下达任务时，员工总是讨价还价，工作还拖泥带水？

■如何让核心员工与企业同心同德？如何让公司高管对企业不离不弃？

很多企业存在这些现象：对员工管得越多，员工反而越没有动力；企业越管越混乱，管得越多，死得越快。到底是哪里出了问题？

原因只有一个，那就是这些企业的老板在思维层面犯了一个致命的错误——认为“这家公司是我的”！于是员工自然也会有这样一种心理：既然公司是你的，我为什么要那么操心？是谁的就让谁操心。于是老板为了公司，当然也为了自己，“鞠躬尽瘁，死而后已”，到最后才发现，自己力量单薄，虽然尽心尽力，公司还是在原地踏步。这些老板不知道经营企业的核心奥秘，永远单纯地认为只要努力就能成功。

事实上，经营企业的核心就是经营人，经营人的核心就是经营人的动力。要想激发员工的动力，就必须让员工看到未来、看到希望、看到梦想，更重要的是看到实实在在的东西。

股权激励让员工成为企业的“老板”，让员工自动自发为企业操心。当大家都在为企业操心的时候，掌握企业控制权的老板获得的将不仅仅是企业快速发展带来的超高利润，更重要的是成就了一批批优秀的员工，帮助了一批批需要帮助的人，何乐而不为呢？

三藏指引

老板必须和员工形成利益共同体；
老板必须和中层形成发展共同体；
老板必须和高层形成事业共同体；
老板必须和股东形成精神共同体。

※让“要我干”变成“我要干”

人的需求是动力产生的源泉，马斯洛需求层次理论是员工激励的理论基础。马斯洛提出，不同层级的人的需求会有很大的差别。也就是说，基层员工与高层管理者所追求的东西是不一样的。老板若想真正调动员工的积极性，就必须先了解员工的需求，针对不同层级的员工，满足其不同的物质和文化需求，如图 1-1 所示。

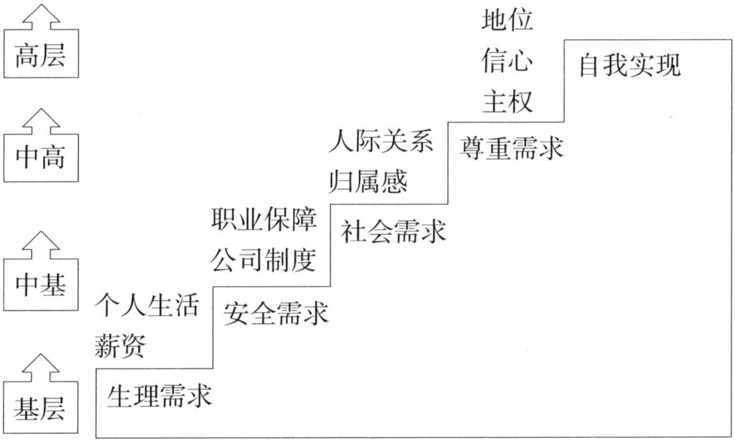

图 1-1 不同层级人员需求分析

老板只有真正了解员工需求，才能让员工将私欲转化为对企业的贡献，实现上下同欲、共同发展，让员工真正从“要我干”变成“我要干”。

预见胜利的5种情况

《孙子·谋攻》：“故知胜有五：知可以战与不可以战者胜，识众寡之用者胜，上下同欲者胜，以虞待不虞者胜，将能而君不御者胜。此五者，知胜之道也。”

这段话的意思是说，预见胜利需符合这五种情况：能准确判断仗能打或不能打的，胜；知道根据敌我双方兵力的多少采取对策者，胜；全国上下，全军上下，意愿一致、同心协力的，胜；以有充分准备来对付毫无准备的，胜；主将精通军事、精于权变，君主又不加干预的，胜。以上就是预见胜利的方法。

同理，企业内部如果上下同欲，对企业快速发展也将有重大意义。

※ 股权激励，不花现金的激励

股权激励的本质不是分自己的钱，而是分社会的资源、分市场的资源、分未来的资源、分上下游的资源、分客户的资源，主要是在企业内部建立一套与利益相关者共赢的机制。

股权激励表面上是分了老板的股份，分了老板的钱和权，但实际上，老板得到的会更多。举例来说，一家企业，年利润为1000万元，分出10%的股权后，员工由于拥有了股权，有了为实现自己利益最大化的机会，就会加倍努力，推动企业利润成长30%，老板的1000万元到最后就变成了1170万元（1300–130），多得了170万元，何乐而不为呢？

涂鸦艺术家收下Facebook股份变身亿万富翁

2005年，一位叫大卫·乔伊的涂鸦艺术家受Facebook时任主席西恩·帕克邀请，前往公司在加州帕洛艾洛的第一个总部进行墙面装饰。支付报酬时，帕克向乔伊提出：8000美元现金或是8000股Facebook的股票任选其一。尽管乔伊当时认为Facebook“荒谬且没有意义”，但他最后还是决定收下股票。可以说，乔伊做了一个让他幸福一生的决定。因为几年之后，Facebook上市了，他手中的原始股市值暴涨至2亿美元。如果没有这些股票，他可能一辈子都赚不到这么多的钱。

不少股权激励方式需要员工花钱购买，比如股票期权、业绩股票、期股等，这些对于企业缓解资金压力有一定的帮助。

同时，企业在为激励对象设计行权条件、分红条件时，也会设计锁定、延迟支付等方式，一定程度上也可以避免企业承受过多的财务压力。

三藏指引

股权激励是一种不花现金的激励，其结果是：公司请客，市场买单，员工操心，老板有钱有闲！

※ 股权激励，解决三权分立问题

在公司的治理结构中，存在着所有权、管理权、收益权三种主要的权力关系。这三种权力相对独立，又相互关联，如图 1–2 所示。

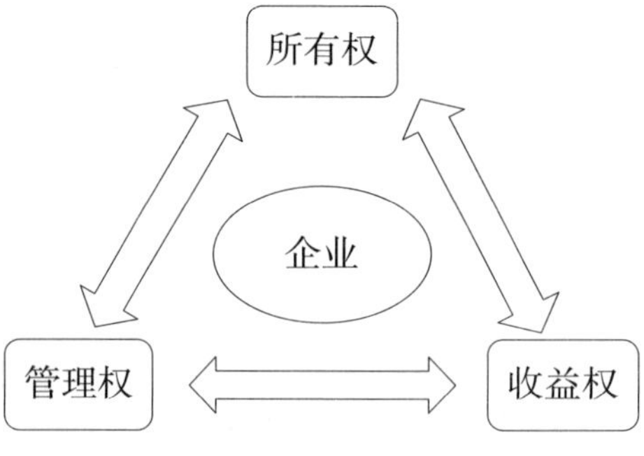

图 1–2　股权激励的“三权分立”

所有权：指企业的产权，是所有权人依法享有的占有、使用、收益和处分的权利。

管理权：指所有权人授予的、为获取收益而对所有权人的财产享有占有、使用、运营管理的权利。

收益权：指由产权决定的利益归属，股权的收益权主要包括增值收益、分红收益和出售股份的收益。

我们依据国内企业三种权力的开放程度进行深入探讨，发现国内企业普遍存在七种治理模式，如表 1-1 所示。

表 1-1　七种企业治理模式

	封闭型企业	福利型企业	职业型企业	君宪型企业	半君宪型企业	社会型企业	国有型企业
所有权	私有家族	私有家族	私有家族	私有家族	半社会半公众	社会公众	社会公众
管理权	私有家族	私有家族	社会公众	社会公众	社会公众	社会公众	社会公众
收益权	私有家族	社会公众	私有家族	社会公众	社会公众	社会公众	家族成员

1. 封闭型企业

国内不少中小企业都是封闭型企业，它们的所有权、管理权、收益权都集中在企业老板一个人的身上，其他员工只要听话照做就好。

封闭型企业运行高效，管理简单，竞争意识强。但是，由于权力集中在某一个人身上，员工既不能充分施展自己的才能，也不能分享企业成长带来的相关收益。此外，如果企业老板心胸狭隘，往往还会造成企业人员流动频繁，企业内部动荡不安。即使老板英明大度，伴随着企业的发展，人员的增加、组织结构的膨胀也会带来一系列问题。比如，管理者不能享有企业股份带来的收益，动力不足；企业老板不敢授权又不得不授权，但一授权就出现严重问题；等等。

2. 福利型企业

福利型企业将收益权开放，将所有权和管理权封闭，这种方式与封闭型企业“三权合一”的管理方式相比，具有不错的激励效果，能更好地提高员工的积极性。但是也会存在两个问题，即员工对企业信任度不够，或企业所有者缺乏诚信而导致员工丧失收益权，这些都会在一定程度上影响员工的积极性。

3. 职业型企业

职业型企业所有权、收益权私有，但是管理权处于开放状态。这种企业责权对等，与前面所说的封闭型企业相比，更民主、更规范，公司规模也更大。但是，职业型企业对管控的要求非常高，更容易出现贪污腐败、松懈浪费的现象。

总之，这种不给利益先给权利的公司治理结构，应采取高工资、严管理的思路，适用于大型公司、大品牌公司、好项目型公司。目前，中国没有哪个家族企业能够简单职业化成功，因此要特别注意。

4. 君宪型企业

君宪型企业将管理权和收益权都开放，唯独将所有权牢牢控制在自己手中。这种结构能够很好地激励核心管理人员，既能满足管理人员的收益需求，又能让他们充分施展才能和实现自我价值，同时又不会失去企业控制权。

随着企业的发展，企业要引入更优秀的高级管理人员或实现上市的计划，也需要逐步开放公司所有权，实现公众治理。但是需要注意的是，企业创始人一定要掌握好控制权，避免股权被过度稀释和丧失控制权，进而发生被其他股东联合赶下台的悲剧。

5. 半君宪型企业

半君宪型企业将管理权和收益权都开放，所有权也实现了半开放，这样核心骨干层成为公司完全意义上的股东，对公司的经营会更加上心。当然，也会存在部分股东为了私利而伤害其他股东的现象。

6. 社会型企业

社会型企业让所有权、管理权、收益权都公众化了，变成了完完全全的公众治理状态。这种情况可能会导致出现虽然大家都很关心企业发展，但是都不操心企业发展，各自为了一己私利而损害其他股东的利益的情况。

新浪分散的股权结构导致创始人出局

在曹国伟实现管理层收购之前，新浪就是一家典型的社会型企业。一直以来，新浪股权非常分散，过于分散的股权结构使得董事会常常陷入难以平衡的权力纷争之中，直接表现就是人事的频繁变动。

2001 年6月，创始人王志东被主张资本运作的董事会辞退。一位 IT 评论者说，王志东离开后，新浪董事会再没有强势的实业派代表，只剩一群资本玩家。

新浪的一位经理曾抱怨："没有人关心新浪的未来，董事会股权过于分散，新浪董事会中无关键人物把握全局，股东们没有给新浪谋划很好的未来，只考虑自己赚钱并不做事。"

7. 国有型企业

国有型企业的产权属于国家所有，按照国家的统一部署开展经营活动，收益归国家所有。国有企业实施股权激励需要经过相关部门的审批，以避免国有资产的流失。

三藏指引

企业私有化、社会化只是企业运营的特征或状态，不应该成为判断企业价值的基础，也不应该成为评价企业好坏的标准。并非私有化一定不好，社会化就好。没有最好，只有最合适，企业治理结构也是如此。

※ 实现企业家的创业梦想

在创业的时候，每个人都有梦想和欲望，用孔子的话来说就是："己欲立而立人，己欲达而达人。"大千世界，芸芸众生，所有人都有梦想，所有人都有欲望。

为什么有的人实现了梦想，而有的人没有？一个人，要实现自己的梦想，最智慧的方式就是帮助别人实现梦想。在这一生中我们能成就多少人，我们就能影响多少人，就能感召多少人，就能组建多大的团队，也就能成就多大的事业。

股权激励可以让员工真正地忠诚奉献，主动承担，因为它使员工不仅仅是为企业干、为老板干，同时也是为自己干。股权激励是用社会的财富、未来的财富、员工的财富，在企业内部建立一套让所有利益相关者共勉的机制。因此，它是实现企业家创业梦想的终极王牌。

伙计变东家：乔家成功的关键

在电视剧《乔家大院》中，乔致庸在包头总号开会时对掌柜们说："不管是一国一家还是一店，要想兴旺，就得有人手，人手是咱们做生意的根本。"他把人才视为根本，"得人者昌，政界固然，商界何独不然！"他认为，天下的事总得有人第一个去做，只要能为"复字号"留住人才就可以做。

掌柜的有身股，而伙计没有，企业效益也就不可能最大化。他在晋商里开了伙计顶身股的先例，打破了东家、掌柜和伙计的身份界限，把伙计也变成了东家，使伙计在内心里和掌柜甚至和东家平起平坐了。

乔致庸的股权激励使乔家得到迅速发展，先有"复字号"称雄包头，后有"大德恒""大德通"两票号活跃于全国大中城市，使乔家成为山西十大财东之首。

※ 考验老板的 5 种境界

要实施股权激励，企业老板首先必须跳出思维的误区，站在更高的层面进行思考。换句话说，老板必须以顶层设计的思维去设计股权激励方案。作为公司的最高决策人、股权激励的总设计师，企业老板需要具备 5 种思维境界，如图 1–3 所示。

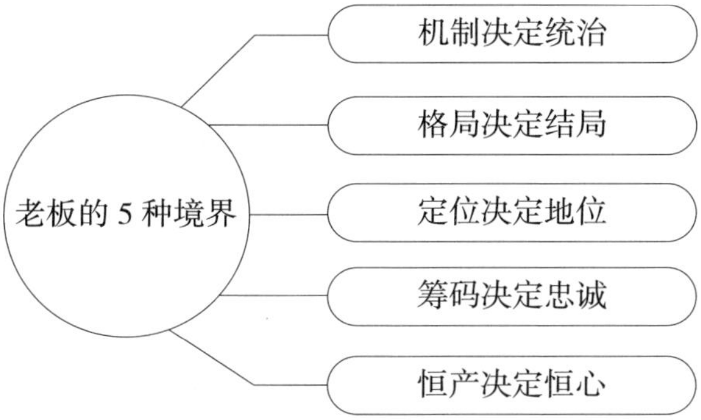

图 1–3　老板的5种境界

1. 机制决定统治

在这个市场竞争异常激烈的时代，如果老板认为工资给高点、环境弄好点就能留住优秀核心人才，那就想得太简单了。

股权激励不仅仅是在定企业的规章制度，也是在定行业的规范、标准。老板不先改变自己的话，就会被别人改变。

2. 格局决定结局

不少老板认为，自己绝对拥有公司的所有权、管理权、收益权，百分之百拥有公司股份，可以随心所欲。这样的结果是，优秀员工大量流失，企业越做越小，公司资产也逐渐缩水。作为一个优秀的企业家，我们需要思考的是，如何让更多的人成为企业的主人，让他们全心全意为企业服务，并且能够实实在在地从企业中获得实现他们价值的东西。

放眼望去，无论是在国内还是国外，优秀的企业家都是敢于分钱、分权的人。由此可见，只有心胸宽广、格局远大的人，才能容纳更多的东西，也才能承载更多的财富。

3. 定位决定地位

如果你把企业定位成是自己的，那必然的结果就是你围着大家转，你成为大家的奴隶。如果你能把企业定位成大家的，结果就是大家围着你转，你就成了企业真正的主人。

如果你能让别人关心企业的发展，并为了企业发展用心琢磨，贡献心血，那么你必定能成就大业。但反观我们的企业，除了老板自己为企业操心外，员工永远只把自己定位成企业的一个打工者、一个匆匆的过客，干得好就干，干得不好就闪人。

为什么员工不会操心企业的发展，不会像老板那样为企业

“鞠躬尽瘁，死而后已”？因为员工与企业没有太深厚的利益关系。要想让别人操心，前提是这件事必须与他有关。

老板首先要将企业定位成大家的，让大家一起操心。当大家都在为企业殚精竭虑、废寝忘食地工作时，老板自然会有钱有闲。

4. 筹码决定忠诚

我们都渴望别人对自己忠诚，但现实中忠诚的人实在太少。员工可以为了追求更好的待遇而离开企业，老板可以为了更多的利益而与其他人合作，甚至亲朋好友为了利益还会反目成仇。例如，餐饮品牌真功夫的潘宇海与蔡达标原本是姐夫与小舅子的关系，一起创业历尽艰辛。到最后，企业做大了，彼此却为争夺企业控制权反目成仇。

筹码决定忠诚，虽然这句话看起来太现实，太过理性，但是我们在设计股权激励方案时，必须有这样的思维。我们要让员工忠诚于自己，一方面需要加强企业文化建设，另一方面更需要向员工提供一个忠诚于你的筹码和理由。

没有绝对的忠诚，只有彼此的依赖。你是否有筹码或能创造筹码，为别人带来价值，决定了别人对你的忠诚度。股权激励为员工提供了一个共享企业收益、施展自身才能的筹码，员工自然而然会忠诚于你，为你所用。

5. 恒产决定恒心

既然我们都希望优秀的人才永远追随我们，那么我们就不仅要让别人看到现在，还要让别人看到未来。

孟子曰："无恒产而有恒心者，惟士为能。若民，则无恒产，因无恒心。苟无恒心，放辟邪侈，无不为已。"意思是说，没有固定的资产而有一定的道德水准，只有士人才能做到。一般的民众，只要没有固定的资产，便没有一定的道德标准和行为准则。他们一旦没有固定的道德标准，便会放荡无耻，无恶不作。

同样，对于企业员工，如果没有股权激励为其带来相应收益，就会在其他方面想办法为自己谋取更多的私利。要想员工与企业老板同心同德，必须让员工看到恒产，必须制定一个让员工能为自己干的机制，而股权激励恰恰让优秀人才看到了恒产与希望。

三藏指引

股权激励是实现员工自动自发、打造核心团队、提升业绩、实现创业家梦想的终极王牌。

第 2 章
避险：跳出股权激励思维陷阱

■为什么实施了股权激励，人心反而更涣散？

■为什么员工获得的收益越来越高，斗志反而越来越低？

■为什么股权激励没有调动员工积极性，反而增加了其不劳而获的懒惰性？

■为什么刚开始实施股权激励时效果很好，几年之后却发现自己埋下了大大的隐患？

企业的生存与发展都离不开人才，人力资本已经成为企业战略资本的有机组成部分。由于经营管理的高度专业化和复杂化，掌握一定管理经验和核心技术的特殊人才已成为企业不可替代的稀缺资源，他们是推动企业发展的坚强后盾。

一些企业为了激励和捆绑优秀的人才，会对他们进行股权激励。然而，股权激励是一把双刃剑，用得好，威力无边，用得不好，则自伤筋脉。

股权激励的陷阱在于没有用长远的眼光进行统筹规划，没有配套机制进行约束，无法使员工认同股权在不久的未来应有的价值。

※ 财散人散，缺乏智慧

首先，股权激励考验的是老板能不能舍，有舍才有得。对经营管理者进行股权激励，需要舍权力、舍利益。如果老板没有这样的格局，股权激励不过是一种形式。其次，股权激励又不可乱舍，舍的多不一定能得到的多，中间需要掌握分寸。

企业在实施股权激励时，会出现如图 2-1 所示的几种情况。

一是财聚人散，老板不敢多给，导致激励性不足，员工没有斗志；二是财散人散，老板很大方，给员工很多，但由于一次性得到太多，员工很容易失去干劲，一心只想着过安逸的生活；三是财散人聚，这也是希望通过股权激励能做到的；四是财聚人聚，这是一种最理想的状态，但现实情况很难做到，即使做到，也很难持久。

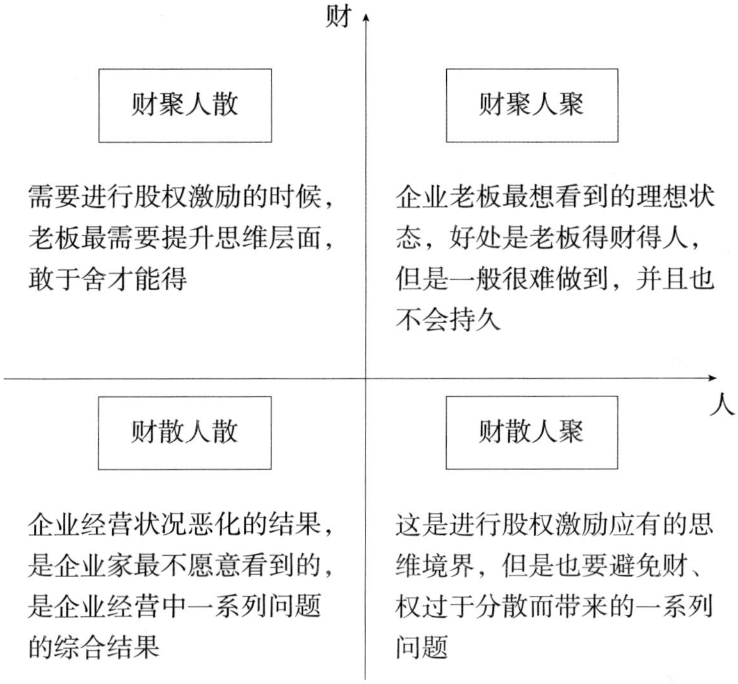

图 2-1 “人”“财”聚散

财散人聚，把蛋糕越做越大

温州许多成功的民营企业家都深谙“财聚人散、财散人聚”的道理，他们纷纷建立现代企业制度，将家族股权稀释，分给举足轻重的经营管理者、技术创新的骨干，网罗经营人才、技术人才，广泛聘用职业经理人，实行所有权、经营权分离，令家族企业逐步过渡为现代企业，使企业越做越大。

例如，宋城集团董事长黄巧灵本着“财散人聚”的指导思想稀释了自己的股份和财产；浙大兰德老总陈平随着企业越做越大，自己的股份则越来越少，最后只剩下10%。可以说，他们是睿智的，虽然自己的股份少了，但企业这个“蛋糕”做大了，他们在与别人分享财富与快乐的同时，得到的也多了。

※ 滥竽充数，分配不均

股权激励必须明确受益者的岗位价值、历史贡献、未来创造等，如果只是拍脑袋随意地决定，股权激励就会失去它应有的公平性，让该获得股权的人没有获得，让不该获得股权的人得到不少好处，最终会让真正做事的人心寒。

股权激励出现滥竽充数、分配不均的现象，主要原因有两个：一是没有相应的岗位价值分析和绩效考核机制，因此，也就没有相应的可以量化的数据报告，老板只能拍脑袋决定该给谁股份，给多少股份；二是没有健全的监管体系、管控机制，导致股权激励对象不是通过自身努力让股份升值，而是通过投机取巧的方式获取利益，最终损害其他股东的利益。

区分股权激励的重要性

A公司是一家手机方案公司，雇员包括销售代表、行政管理人员、技术人员。在该公司所有人的收入中提成和奖金占相当的比例，故所有人都是持股人。

A公司的指导理念：雇员的所得应当和其产值成正比。因此，他们的收入是基于其所创造的价值。

在这样的理念指导下，所有的雇员都有相当的决策权。不过虽然雇员们有决策权，但他们在进行决策和采取行动前还是会等管理层的指示和批准。让人意想不到的是，在股权激励方案实施两年后，A公司的大部分核心管理者都另谋出路了。

点评：

A公司试图通过薪酬系统（基本工资、奖金和提成）和股权激励方式来调动员工的积极性，使员工的个人目标和公司目标一致，但实际效果却不尽如人意。通过分析，我认为其根本原因是，A公司没有对不同的岗位进行区分激励与管理。实际上，公司对高层管理者、中层管理者、销售代表、行政管理人员和各领域专业人员的岗位要求是不同的，如果都用一种薪酬结构和授权方式来管理所有不同的岗位，必然会产生一系列的问题。

那么如何避免这一问题的发生？A公司中所有人都是持股

人；每个全职员工的工资都包括基本工资、提成、年度奖金和股份，其中提成和奖金占比很高。从对不同的岗位采取不同的激励方式的角度来看，股权激励是长期激励方式，只有对公司业绩有直接影响的人（如经营层）持股才有激励意义。一般员工因为无法通过自己的努力与公司业绩直接挂钩，所以股权对他们是没有直接激励意义的。如果让一般员工持有股权，经常出现的问题就是“搭便车”、滥竽充数。因为通过其他人的努力就可以提高股权的价值，而自己不努力也可以分享这种价值。

全民持股的方式特别适合对人力资源依赖性较高的企业，但是也有它的适用范围。显然，对于上述案例中的A公司，所有人都是持股人的安排并没能收到很好的效果。

※ 重利轻义，导向错误

“义”指的是一种精神，“利”指的是物质财富。

现实中，很多企业认为实施股权激励就必须要上市。事实上，上市需要对企业的股权进行改革，把有限公司变成股份公司，但是企业实施股权激励不一定非要上市。

如果企业的发展只是为了上市，那么从一开始这个企业的命运就已注定。因为通常来说，如果企业只是为了上市，那不过是为了圈钱，经营企业当然要赚钱，但欲速则不达，赚钱并不是企业的全部。如果企业每天的导向都是利益和物质，而忽视了精神、文化作用，那么这个企业是不会长久的。

企业要想走得长远，必须要在团队中注入一种思想，导入一种文化，必须要有企业的灵魂与精神，使公司全员上下同欲，这样的企业才能长远发展。

文化也是激励的一部分

B公司是一家创新型的互联网企业，由于商业模式很好，加上一群工作起来如狼似虎的员工，公司发展非常迅速。短短几年，就由最初的几个人发展成一家年产值超十亿元、员工达六七百人的创新型公司，成为该行业的领头羊。

B公司老板非常善于激励员工，每天给员工灌输财富思想，激励大家努力奋斗，以推动企业上市，同时每个人都获得了公司股份，因此大家干劲十足。尽管公司的考核制度非常严格，但是由于可以获得现金薪酬和未来股权的高额回报，大家都是拼足全力工作，为实现公司早日上市而努力。

功夫不负有心人。两年后，B公司在香港主板顺利上市，公司不少人因此实现了“黄金梦”——数十人身价上亿，六十多人身价过千万，一百多人身价百万。

不过，公司上市没多久，员工每天讨论的话题就变了，以前业余时间都会讨论工作的事情，现在买车、买房、投资成为他们最主要的话题。

公司中不少人顺利套现，过上了舒服的日子，还有数名高管套现后离职，开始另立门户。

上市不是企业的终极目标，而是企业实现快速发展的工具或平台，企业不能为上市而上市，不能完全以利益为导向。因此，必须为企业注入文化与灵魂，让企业永葆青春与动力。

※股权统筹，目光短浅

要实施股权激励，必须对企业有全局的、长远的规划。企业老板需要看到企业未来的发展态势，要考虑股权在不断释放的过程当中，可能会遇到哪些问题，对企业的治理是否会造成安全性威胁。

企业发展可分为 4 个阶段：初创期、发展期、扩张期与成熟期，如图 2-2 所示。处于不同发展阶段的企业，在实施股权激励时会有很大的差别，需要综合统筹，目光长远。

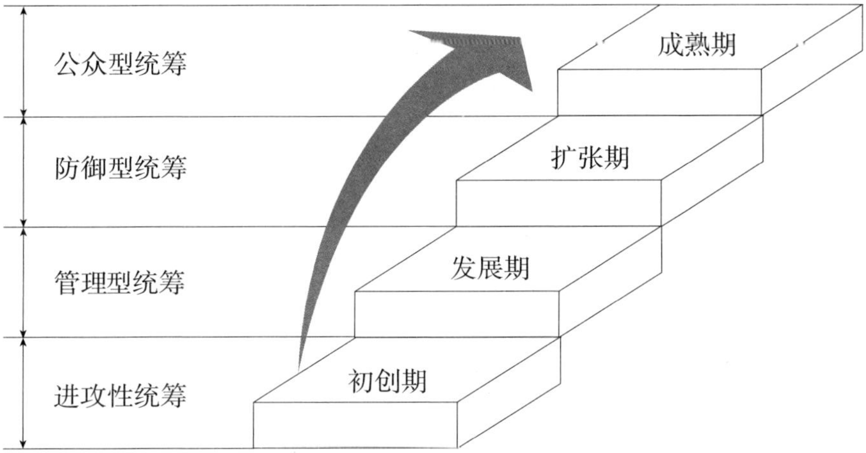

图 2-2　不同时期股权统筹策略

1. 初创期

初创时期，企业实力很弱，一没资源，二没资金，三没人才。这时，很多事情需要老板，即创始人亲自上阵，亲力亲为。此时实施股权激励，最主要的目的是吸引、留住优秀人才。这一阶段实施股权激励可以采用以下两种策略：

第一，用在职股激励。在职股是一种虚拟股份，激励对象拥有的股份只有分红的权利，而没有所有权。在职股激励不影响企业决策权，所以老板的格局可以大一些，给员工多分一些。当然也要看长远，做好统筹规划。

第二，用注册股激励。注册股是公司的实股，需要到工商部门注册成为公司真正的股东。注册股的股东根据所占股份比例，享有相应的所有权、管理权、收益权。需要注意的是，发放注册股的额度绝对不要超过总额度的 1/3。也就是说，创始人最好持有大于等于总额度 2/3 的股份，这在股权统筹当中叫作进攻型统筹。

进攻型统筹可放可收，可进可退。创始人不但拥有防御权，而且也有进攻权，这是非常重要的。因为当老板拥有 2/3 的股份时，其就拥有对整个企业的一票否决权，不管外围股东怎么整合，股份加起来最多也不会超过 2/3，所以外围股东必然会受到牵制。也就是说，虽然释放了 1/3 的股份，但创始人仍拥有企业的绝对控制权。

当然，如果公司因经营不善使股东利益受损，又无法通过其他途径解决时，持有公司 10% 以上股份的股东就可以请求人民法院解散公司。

由于初创期企业管理者还不成熟，尚不能独当一面，所以创始人如果拥有企业 2/3 以上的股份，就可以顺利贯彻相关政策，确保公司运行顺畅。

2. 发展期

当企业处于发展期，企业管理者素质不断提升，专业水平也不断提高，老板则可以抽身出来，进行关于企业战略规划等长期战略的思考。这时，老板可以再次释放一些股份，分发给企业的高层管理者，让他们从小股东慢慢变大，逐步成为公司的核心股东。此时，老板只需要做到管理型统筹即可。

在企业发展期，创始人如果要实现相对控股，应拥有大于1/2 的股份，最好拥有大于 52% 的股份，这主要出于未来上市考虑。

假设企业要走上市路线，创始人的股份必然会被多次稀释，最少有两次：第一次是风投，一般风投入股会占总额 10% 的股份；第二次是企业上市，上市要发行公众流通股，发行公众流通股要求最低额度不得低于公司总股本的 25%。因此，企业的股份两次共稀释 35%。假设创始人以前持有 51% 的股份，被稀释 35% 后，就还有 33.15% 的股份；若创始人以前持有 52% 的股份，被稀释 35% 后，则还有 33.80% 的股份。33.15% 与 33.80% 的区别在哪里？区别就在于前者小于 1/3，后者大于 1/3。当创始人持股大于 1/3 小于 2/3 时，我们将此结构称为防御型统筹，此时创始人拥有对企业重大事件的否决权。

3. 扩张期

当企业初具规模，开始迅速扩张时，如果想继续实行股权激励，吸纳更多优秀人才加盟，创始人可进一步释放股权，但股权比例应控制在 1/3 以上。因为，股东大会或股东会做出特别决议时，要采用绝对多数通过的原则。该原则指的是股东会或股东大会做出特别决议时，应有代表股份总数 2/3 以上的股东出席，并由出席会议的持有表决权的 2/3 以上股东同意方可通过。比如，对于是否解散公司，是否同意合并、重组等重大事件，当创始人拥有 1/3 以上的股份，便意味着可以对此类事件进行否决。

4. 成熟期

随着企业继续发展，进入成熟期，创始人就不需要必须掌握 1/3 以上的股份了，因为这时企业已经实现了公众治理。此时哪怕创始人只拥有企业 3.5% 的股份，也不用过分担心被抢班夺权，为什么这么说？因为有以下三个因素保护了创始人的利益。

第一，公司章程。对于创始人来说，此时企业家族的股份比例可能很小了，但是他们很早就设立了一个“游戏规则”——在公司章程中，格式化地写了几条保护原始大股东核心利益的条款。比如 ×× 股东为公司创始人，未来 ×× 的股权，不论被稀释到何种额度，他对公司的表决权不低于百分之多少；该股东为公司创始人，公司董事会成员由他提名的人拥有半数以上的席位。这些条款保证了创始人在企业中拥有很大的影响力和决策权。

京东用AB股计划保证创始人控制权

京东商城的创始人刘强东，7年融资20亿美元，自己的股份被稀释了多次，即使在京东发行上市前，有11家投资人将其投票权委托给他行使，他也才持股18.8%（不含代持的4.3%激励股权），勉强领先第二大股东老虎基金（18.1%）与第三大股东腾讯（18%，包括上市后5%认股权）。

刘强东的大股东身份似乎岌岌可危，但他能完全掌控京东，始终把握公司控制权，就是因为京东商城实行了双股制股权结构。

根据京东招股说明书，上市前夕京东的股票被区分为A序列普通股（Class.A.common.stock）与B序列普通股（Class.B.common.stock），机构投资人的股票会被重新指定为A序列普通股，每股只有1个投票权；B序列普通股，每股有20个投票权。因此，上市前夕实行AB股计划后，虽然投资人会收回此前委托给刘强东行使的投票权，但通过AB股计划1：20的投票权制度设计，刘强东掌控的投票权大大过半，所以牢牢掌握着企业控制权。因此，京东商城完全不存在腾讯入股后，刘强东会失去公司控制权的问题。

双股制股权结构虽然能很好地保护创始人，但是由于涉及对投资人的权力限制，AB 股计划不会是每个创业企业的自由选择。从实际情况来看，采用双股制股权结构的企业必须是明星企业，这样，融资者才会处于强势地位。否则，投资者不会轻易接受这样的条款。

第二，基金分析师。某些明星企业的股东为外国投资机构。每个投资机构都会有基金分析师，一旦企业做出一个重大决策，基金分析师会立刻分析这个决策会不会影响投资者利益、影响股东盟约。一旦该决策影响股东利益，股东就会直接或联合其他股东，如企业家族，给职业经理人施加压力。

第三，律师。企业在海外上市非常容易，如美国，只要商业模式好，真的能为股东们创造效益和价值，股东们就会相信你，企业也很容易上市。但企业上市以后，若被发现做的跟说的不一样，就会被狠狠地限制，而且会受到严重的惩罚。西方国家的律师比较职业化，当他们发现企业有需要披露的信息没有及时披露、披露的信息与实际不符，或某些决策会影响股东利益时，律师就可以上告到法庭。他们会通知其他小股东们：大股东在损害你们的利益、涉及了一些关联交易、违反了公司的章程等。此时，律师会为小股东们做主，帮他们打官司。因为官司一旦打赢，律师会获得高额的回报。所以，美国的律师是主动上门找业务的，会积极监控大股东的违法行为。

三藏指引

大凡成功的企业家，必须不贪一己私利，企业要让精英人才都享受到成功的利处，才能到达发展高峰。如果每分钱都自己赚，人才就会流失，财富也就成为过眼云烟。但“财散人聚”也不能变成单纯的雪中送炭，提高员工福利待遇，是一个辩证的、长期的、渐进的系统过程。

第3章
入道：股权激励让钱权合一

■为什么股权激励能留住核心员工，让员工死心塌地为企业做事？

■股权激励如何实现股东与经营者利益的捆绑？

■股权激励会出现哪些障碍，如何突破藩篱？

■股权激励对象如何获得相应的回报？

股权激励是通过让经营者获得公司股权的形式，给予公司经营者一定的经济权力，使他们能够以股东的身份参与公司决策、分享利润、承担风险，从而勤勉尽责地为公司的长期发展服务的一种激励方法。

如果说企业带头人是火车车头，员工是机身，那么股权激励就是安装在每节车厢上的发动机，是实现普通列车向高铁转换的有效工具。股权激励实现了股权所有人和经营者利益的有效捆绑，推动企业快速向前发展。

※ 股权激励：利益捆绑企业经营者

股权激励就是把企业价值作为决定经营者个人收入的一个变量，从而设置一种长期的激励、约束机制，以解决现代企业所有权和经营权分离后产生的“外部股东与内部经营者、代理人”利益不一致的问题。其目的在于使经营者在经营过程中更多地关心公司的长期价值，防止短期行为，如图 3-1 所示。

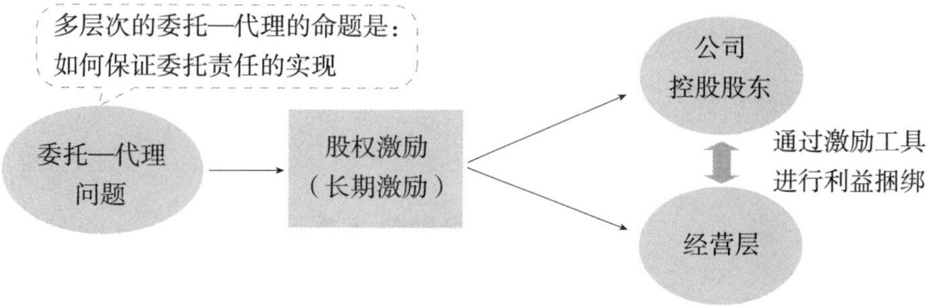

图 3-1　传统股权激励解决的问题

传统股权激励在于捆绑公司股东和经营层的利益，随着公司的发展壮大、更多投资者的进入，所有权和经营权也在逐渐演变，如图 3-2 所示。

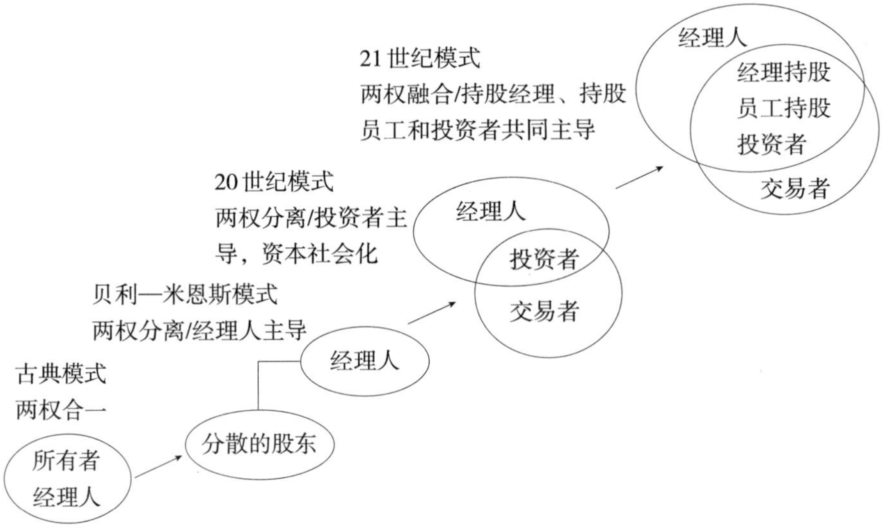

图 3-2　股权激励下所有权和经营权的演变

T 公司的股权激励方案

T 公司承诺王经理，可以本公司今年的股票价格（如 5 元 / 股），购买 3 年后的股票若干股。那时，每股股票的价格可能已升至 20 元。那么，价差 15 元就是股票期权带给王先生的收益，如图 3-3 所示。

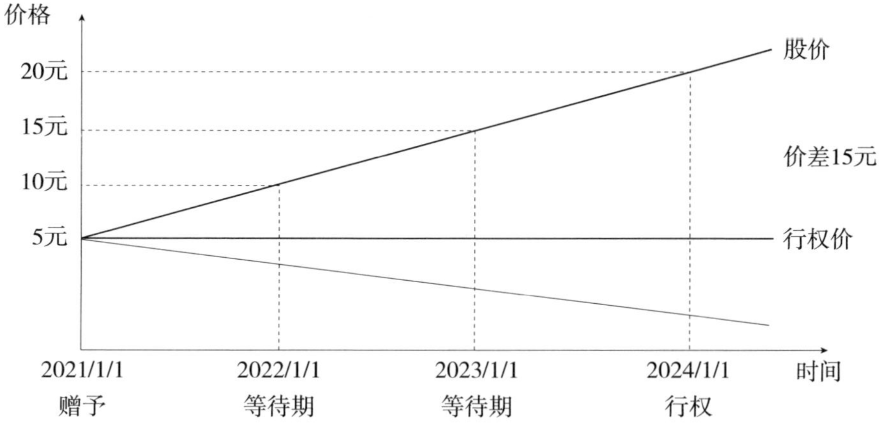

图 3-3　T 公司未来3年股价走势

※ 股权激励让人力资本最大化

人力资本是现代企业中不可或缺的重要的生产资源之一，开发人力资源，实现人力资本的最大化，是推动企业快速发展的有力保障。实施股权激励就是以授予激励对象一定股权的方式，让激励对象有更多获取企业剩余价值的机会，及时消除企业经营者的短期行为，引导他们关注企业长期发展。

1. 吸引人才

股权激励的财富效应的魅力是所有人都无法阻挡的，它给了企业经营者实现财富梦想的机会和可能。同时，股权激励让员工成为企业的主人，在企业平台上施展自己的才能，通过努力获得更多的回报。正因如此，实施股权激励的企业才能吸引更多优秀人才加盟。

2. 约束人才

股权不是随便就给的，而是有相关的限制性条款约束激励对象的行为。例如，股权激励的业绩指标、行权条件、红利发放条件及规则等，让激励对象不敢轻举妄为。股权激励之所以被称为“金手铐”，一方面在于高额回报，另一方面在于具有约束性。

3. 留住人才

股权激励对象离开企业，往往会遭遇重大损失。例如，公司价值不断升值，激励对象拥有的股票期权在未来可能会翻好几倍，但激励对象如果提前离开，未能获得相应行权资格，则只能拿回当初自己花钱购买股份的资金；如果已经行权，但是还处于锁定阶段，那么被锁定的部分只能拿回当初购买股份的资金，而享受不到股份增值带来的收益。所以，股权激励对象如果中途离开公司，损失往往是巨大的。

通过股权激励留住人才

G公司是一家高科技企业，人才是公司的核心资本。近年来，随着市场竞争的加剧，企业业绩出现下滑，公司人才流失严重，年流失率近20%。

为了激励员工、留住人才，企业老板决定实行以虚拟股份（虚拟股票用于非上市公司可以称为虚拟股份）为基础的股权激励。股权激励实施一年，效果明显，公司扭亏为盈，获得了强劲的发展动力。表3-1为G公司实施股权激励一年前后相关指标的对比情况。

表 3-1　G 公司实行股权激励一年前后相关指标对比

指标	2019 年	2020 年
员工流失率	19.6%	1.7%
员工人数（人）	125	189
业绩环比增长情况	-0.3%	5.4%
客户满意度	70%	97%
薪酬成本支出占比	67%	62%

4. 减小风险

拥有公司的股份，一方面可能获得高额回报，另一方面也需承担相应的风险，风险与回报总是相辅相成的。当经营者经营不善，导致企业业绩持续下滑，那么他手中拥有股份的价值也会随之下降，收益减少。

5. 降低薪酬压力

股权激励是在用市场的钱、未来的钱、员工的钱来激励企业经营者，作为固定薪酬支付的部分替代，企业可以给予激励对象更低的固定薪资待遇，转而通过股权激励进行平衡，降低公司现金支出的成本压力。

在设计股权激励方式时，股权激励的延迟支付、红利转股等也可以有效缓解一次性发放现金过多给企业带来的资金压力。

6. 推动企业持续快速发展

引入股权激励，可以使经营者在考核公司业绩时不只关注本年度的财务数据，更关注公司未来的价值创造能力。此外，作为一种长期激励机制，股权激励不仅能使经营者在任期内得到适当的奖励，而且部分奖励是在卸任后延期实现的。这就要求经营者不仅要关心如何在任期内提高业绩的问题，而且还必须关注企业的长远发展，以保证获得自己的延期收益。由此可以进一步弱化经营者的短期化行为，有利于提高企业未来创造价值的能力和长远竞争能力。

三藏指引

股权激励的作用是巨大的，但并不是万能的。当企业经营者看不到企业股权激励的价值时，股权激励就失去了它的激励效用；或者，如果股权激励的约束条件过多，设计不合理，也会产生负面效果。

※ 股权激励也是一种精神激励

前文提到，股权激励要善于发掘员工价值，这样实施股权激励才有意义。股权激励不仅是一种物质激励，更是一种精神激励、文化激励。

1. 对员工价值的肯定

股权激励并不是所有人都能享受到的，股权激励的对象一般都是公司高层管理者、核心骨干、技术骨干等。一方面，他们过去为企业创造了价值，需要获得认同与肯定；另一方面，他们现在和未来会为企业创造更大的价值，需要不断激发他们的工作热情和提高他们的能力，他们是公司最宝贵的财富。

2. 形成榜样激励

股权激励的对象，应该是可以起到榜样激励作用的人。这样，才能让公司中未获得股权激励资格的人以他们为目标，向他们学习，通过努力达到公司相应标准，争取成为下次股权激励的对象，实现自己的职业梦想。

3. 实现梦想，成就员工

股权激励让员工成为企业的“老板”，让他们依托企业的平台，实现自我创业的梦想。股权激励的对象可以拥有公司股份，掌握一定的话语权，能够参与企业发展方向等重大事项的决策，从企业发展的角度看待自己的行为，并真正为此负责。对员工来说，所有权的授予是一种控制权的激励，也是无形的精神激励，具有长期性和持久性。

※ 股权激励让员工实现财富梦

与其他激励方式相比，股权激励具有稀缺性、抗通胀性、分红效应、财富效应，如图 3-4 所示。尤其它可以实现员工的财富梦想，让不少员工心之向往。也正是这些要素决定了股权激励存在的价值。

1. 稀缺性

一家企业的股份就是 100%，不可能多，更不会少。当其他人占股 50% 时，则意味着你最多只能占股 50%。

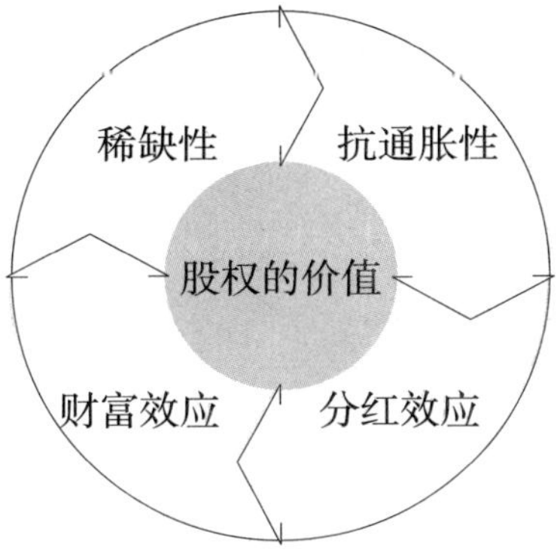

图 3-4　股权激励的价值

不少企业老板在对企业高管实施股权激励时，总是一拍脑袋就决定，今天向总经理许诺给予 10% 的股份，明天来了一位副总，许诺给其 6% 的股份，后天又来了一位总监，许诺给其 4% 的股份……最后一核算才发现不对，因为所有股份加起来，总额居然超过了 100%。

股权激励的稀缺性要求企业实施股权激励要慎重，要将股份设计成多少股、授予员工多少股都计算清楚。建议最好不要以百分比许诺股份，否则，当股份被再次稀释时，员工所拥有的股份也会同比例稀释，占股比例会下降。员工感觉份额变小了，就会有种被欺骗的感觉，他的积极性也将被挫伤。

2. 抗通胀性

公司股份的价值并不是一成不变的。随着公司市值的上升或公司净资产的提升，员工手中持有股份的价值可能会随之上涨，员工套现退出也会获得更高的现金回报。而如果是现金，随着物价上涨，则会出现贬值现象。股权激励的抗通胀性决定了其对员工来说更具有投资价值。

3. 分红效应

现金流权是股权激励对象最基本的权利。股权激励对象通过持有公司股份，获得公司相应比例的分红收入、增值收益。在公司相关章程及国家法律范围内，持股人也可以出售股份后退出，获得其公司股份的全部收益。

4. 财富效应

股权激励最大的财富效应体现在融资、上市时期。由于资本市场具有杠杆效应，激励对象持有的公司股份价值可能被成倍放大，财富效应也非常明显。例如，前文提到的为 Facebook 进行墙面装饰的涂鸦艺术家，就是通过持有公司股份实现一夜暴富的典范。

三藏指引

股权激励的财富效应可以极大地刺激激励对象的积极性，但同时也要注意避免一次性激励过多造成员工丧失斗志，只想坐享其成，不思进取。

※ 股权激励并非适合每个企业

究竟什么样的企业最适合实施股权激励呢？不少企业家可能会说上市公司。的确，上市公司实施股权激励有它的先天优势，因为其具有股票价格，行权、套现都会比较容易。但是，从激励的角度考虑，非上市公司往往更适合实施股权激励。

一方面，非上市公司实施股权激励可以避免受到股市涨跌的影响，更能真实地反映经理人的努力程度。另一方面，非上市公司处在发展阶段，往往成长空间比较大，通过股权激励更能激发经理人的工作热情。

我们对非上市公司进行分析，认为最适合实施股权激励的非上市公司需要同时满足以下三个条件：一是商业模式好；二是管控模式好；三是对人力资本依赖性高。

1. 商业模式好

良好的商业模式是企业实现持续、快速发展的基础保障。良好的商业模式主要有两层含义：一是企业现在能否赚到钱；二是企业如果现在不能赚到钱，未来能否赚到钱。任何企业实施股权激励，都必须至少做到以上两条中的一条，否则，股权激励只会成为忽悠员工的幌子。

企业商业模式好：为员工树立目标

我在一次股权激励精品班的课程上，遇到了这样一个企业家，他对我说："臧老师，我觉得股权激励作用有限。"我问他原因，他说："一年前，我在我们公司实施了股权激励，但没过多久就做不下去了！""我们公司是做对讲机行业平面媒体的，公司只能依靠一点可怜的广告收入维持生存，同时，由于这个行业的局限性，公司经营一直不温不火。最近，这个产值本来就不大的行业又进来了一家实力较强的平面媒体参与竞争，导致我们公司业绩持续下滑。为了调动员工的工作热情，我对核心高管进行了股权激励。"

我问他是怎么做的，他说："我将原来发给高管的奖金及部分年薪用来充抵购买股份的资金，这样，高管的薪资收入由'年薪＋奖金'变成了'年薪＋股份'。但方案才进行没多久，就有几个高管提出要离职，这是什么原因？”

我说：“换作是你，你会花钱购买公司的股份吗？”他说：“会啊，成为公司股东，也相当于公司半个老板啊，有什么不好？同时，还可以获得股份升值带来的收益啊！”我接着问：“你作为公司老板，通过这家公司能赚到钱吗？”他思考了一下：“生意难做，少得可怜。”我接着说：“对于高管，我想，他们心里肯定认为公司老板都不怎么赚钱，那我们成为公司股东肯定也赚不到什么钱，还不如多发点薪酬来得实在。”

公司原有商业模式的局限性，导致公司注定很难有突破，这些高管即使为公司努力拼搏，也很难推动企业突破瓶颈，更别说快速发展。这就好比给你一屋子的钱，但条件是要求你在3天之内长高10厘米，这并不是光有激励就能办到的事。企业发展的问题出在商业模式上，还不如花点心思实行商业模式创新。因此，商业模式较好、成长性较强的企业往往更适合实施股权激励，更能达到激励的效果。

2. 管控模式好

管控模式好是指公司治理约束制度已经建立或完善，公司的内控系统能确保老板资产不受侵害，激励对象所获得的股份收益能真实地反映激励对象的努力付出程度，也就是需要做好激励对象的监督、考核工作。

企业管控模式好：使员工自发自觉

安然公司曾是北美地区头号天然气和电力批发销售商，是世界上最大的电力、天然气以及电讯公司之一。2000年披露的公司营业额达1010亿美元之巨，曾连续6年被《财富》杂志评选为“美国最具创新精神公司”。不过，真正使安然公司在全世界声名大噪的，却是这个拥有上千亿资产的公司在几周内破产的事件，以及持续多年精心策划乃至制度化、系统化的财务造假丑闻。安然欧洲分公司于2001年11月30日申请破产，美国本部于2日后同样申请破产保护。从那时起，“安然”已经成为公司欺诈及堕落的象征。

安然公司的破产都是股票期权惹的祸。本来安然公司的股票期权没有什么可以谴责的，但由于董事会、薪酬委员会和审计委员会基本上被高管人员把控，因此在实施过程中走入歧途。

为了追求更高的收益，安然公司管理层串通安达信做假账，为高管巧取豪夺创造机会，使得公司不堪重负，走向毁灭的深渊。安然公司股价也因此从90美元/股下滑至26美分/股，大多数股东的投资化为乌有。

3. 对人力资本依赖性高

股权激励是对人力资本的再次开发，因此，在实施股权激励之前，需要重新审视公司的人力资源战略。

一般来说，某些房地产企业实施股权激励往往意义不大，因为这些企业可能更多需要依赖其他资源，例如政府资源、银行资源等。这类企业老板掌握核心资源，公司对人力资本依赖性较低，是否实施股权激励，对企业发展并没有太大影响。

如果是高科技企业、培训公司等，因其命脉建立在人才的基础上，对人才的依赖性非常高，那么，企业为了有效激励人才，就有必要对他们实施股权激励。

三藏指引

并不是每个企业都适合实施股权激励，并不是每个实施股权激励的企业都能获得良好的发展。但是如果适合实施股权激励的企业有效地运用了股权激励这张王牌，必定能激活企业内生动力，推动企业步入发展的快车道。

02

落地工具：

灵活运用，游刃有余

▼

股权激励技术层面的东西并不难掌握，最难掌握的是其中蕴含的内在思想。企业采用哪种工具、运用哪种方法去实施股权激励，似乎没有固定套路，其关键就在于是否适合企业发展需求。好的激励模式必须达到预期效果，并且是长期的效果。

第4章
掌控：10大利器各有玩法

■ 当企业老板不想丧失控制权，不愿意分出公司股份时，如何用股权激励员工？

■ 如何让激励对象花钱购买公司股份，实现员工与企业利益的捆绑？

■ 如何避免一次性发放过多股份或收益，导致激励对象干劲不足？

■ 如何通过股权激励对激励对象设置约束条件？

■ 如何避免激励对象一拿到股份，就套现退出？

股权激励采用的工具是多种多样的，在美国，使用最多的是股票期权。而在我国，由于股票市场的有效性相对较差，以及缺乏相应配套的法律制度，故股票期权并没能成为主流的股权激励工具。

20世纪90年代后期，国内企业开始实施股权激励制度，共引进和创造了10余种股权激励工具。这些工具都有其优点和缺点，因此企业在使用过程中并不是单一使用某一种工具，而是要更多地结合自身实际情况，灵活运用。

表4-1 股权激励常用工具优缺点比较

激励模式	优点	缺点	适用的企业类型
股票期权	具有长期激励效果；可降低委托—代理成本；可提升公司业绩；可增强投资者信心	管理者为自身利益而用不法手段抬高股价；管理者与员工的工资差距加大	上市公司；上市公司控股企业
期股	使经营者更多地关注企业的长期利益；避免了一次性重奖所带来的收入差距矛盾	对经营者而言，期股收益难以在短期内兑现，且承担持有股份的风险	经改制的国有资产控股企业；国有独资企业；具有明确上市计划的非上市企业
限制性股票	激励对象一般不需要付钱购买；可以激励高层管理人员将更多的时间、精力投入长期战略目标中	业绩目标或股价的科学确定较困难；现金流压力较大	业绩不佳的上市公司；产业调整期的上市公司；初创的非上市公司
虚拟股票	虚拟股票发放不会影响公司的总资本和所有权结构，无须证监会批示，只需股东大会通过即可	公司的现金压力较大，虚拟股票行权和抛售时的价格确定难度较大	现金流量比较充裕的非上市公司和上市公司
股票增值权	激励对象无须支付现金购买；无须证监会审批	资本市场的弱有效性使股价和经营者业绩关联不大；公司的现金压力较大	现金流量比较充裕且股价比较稳定的上市公司或非上市公司

（续表）

激励模式	优点	缺点	适用的企业类型
账面价值增值权	激励效果不受股票价格异常波动影响；激励对象无须支付现金购买；无须证监会的审批	每股净资产的增加幅度有限，不能充分利用资本市场的放大作用，难以产生较大的激励作用	现金流量比较充裕且股价比较稳定的上市公司或非上市公司
业绩股票	激励高管人员努力完成业绩目标，实现股东和高管的双赢	业绩目标的科学性很难保证；容易导致高管为获取业绩股票而弄虚作假；高管抛售股票受到限制	业绩稳定型上市公司及其集团公司、子公司
延期支付	锁定时间长，减少了经营者的短期行为；计划可操作性强	高管人员持股数量少，难以产生较大的激励作用；二级市场有风险，经营者不能及时把薪酬变现	业绩稳定型上市公司及其集团公司、子公司
干股	中短期激励性较强；激励对象只有分红收益，企业不会丧失股份的所有权；方案设计比较简单	高层管理者无法成为真正的股东，往往会因过分关注短期利益而损害企业长期利益	现金流较充裕的广大中小企业
管理层收购	将管理层的利益与公司的利益紧密结合在一起，激励力度大	目标公司价值的准确评估较困难；收购资金来源缺乏；若处理不当，收购成本将激增	国有资本退出的企业；集体所有制企业；反收购时期的公司
员工持股计划	将全体员工的利益与企业利益捆绑，可调动员工的积极性，增强企业的凝聚力、竞争力，可以防止公司被恶意收购；减少经理人和普通员工利益分配不公引发的矛盾	福利性较强，但平均化导致与员工业绩挂钩较差，会降低员工积极性，导致激励性降低；操作上缺乏法律基础和政策指导；股权过于分散，导致控制权分散，对未来融资不利	初期创业公司、高科技公司；国有企业；所处行业较成熟的、具有稳定增长机会的公司

※ 股票期权：让员工看到收益再购股

期权又称为选择权，是在期货的基础上产生的一种衍生性金融工具。从本质上讲，期权实质上是在金融领域将权利和义务分开进行定价，使得权利的受让人在规定时间内对于是否进行交易行使其权利，而义务方必须履行。在进行期权交易时，购买期权的一方称作买方，而出售期权的一方称作卖方；买方即是权利的受让人，而卖方则是必须履行买方行使权利的义务人。如表 4-2 所示。

表 4-2　股票期权的主要功能、应用和意义

主要功能	与受限股票的留人功能相比，股票期权的主要功能是激励经营者创新和创造长期股东价值
应用	应用广泛，90%以上的大型上市公司赠予股票期权，高层经理是最主要的期权接受者，但也有大量公司，尤其是高技术和高增长公司向大多数或全体雇员赠予股票期权
意义	对于接受者来说，股票期权让激励对象看到收益再掏钱，降低了激励对象购买股份承担的风险，等于是股东对经营者说：大胆干吧，赚了有你一份，赔了是我的，在留住优秀人才方面具有重要的意义

公司经理人在规定的时间内以事先约定的价格购买一定数量的公司流通股票后，实现了经理人与企业股东利益的捆绑，

经理人只有通过努力工作，提高公司业绩，提升公司净资产值等，才能提升公司股票价值，进而获得更多收益，如图4-1所示。

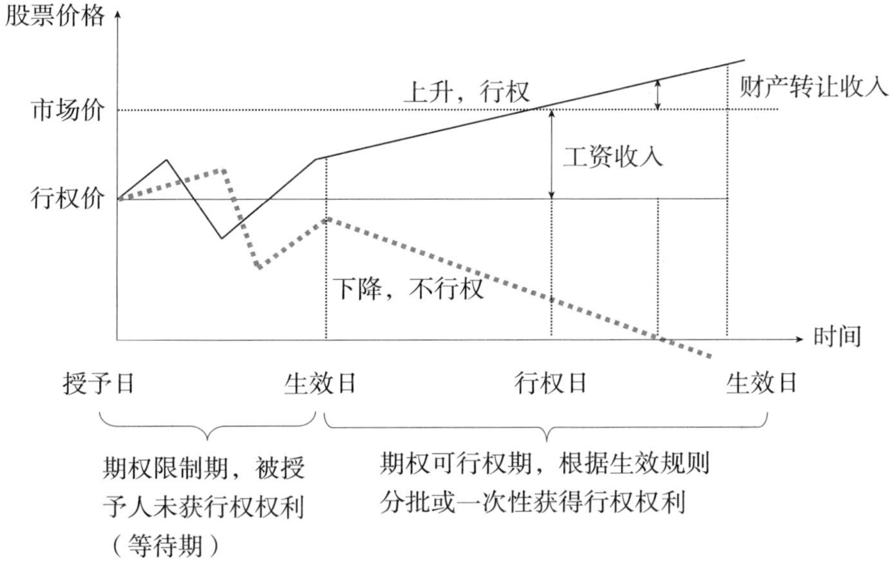

图4-1 股票期权示意图

一般来说，股票期权比较适合以下企业。

1. 所在行业竞争激烈的企业

如果企业所在行业竞争激烈，企业不进则退，那么就需要经理人锐意进取，推动企业快速发展，这个时候推出股票期权，可以有效激励经理人推动公司资产增值，以获取股价增值收益。

如果公司是垄断性企业，则不需要经理人多么努力就可以获得股票期权带来的收益，这时候推行股票期权则意义不大，反而会助长经理人不劳而获的不良思想。

2. 成长性好的企业

企业成长性好，那么可以推行股票期权。一方面，经理人可以预见未来收益，可以有效激励经理人为实现预定目标而努力；另一方面，企业成长性好说明公司仍有广阔的市场需要去开拓，那么推行股票期权，可以激励经理人迅速抢占市场制高点，获取竞争的关键优势。

3. 人力资本依附性较强的企业

如果企业对人力资本依附性不强，那么推行股票期权对推动公司快速发展意义就不大，可能还会使经理人因可以不劳而获丧失进取的动力。人力资本依附性较强的企业，推行股票期权激励的效果更明显。

L公司的股权激励方案

2020 年 4 月 30 日，L 公司董事会审议通过了公司股票期权激励计划，拟定对公司高管和核心技术人员定向发行 100 万份公司股票期权。该计划拟定授予的股票期权数量为 100 万股，涉及的标的股票数量为 100 万股，标的股票占该企业股本总额的 10%。该期权激励计划共涉及公司总经理、部门总监及相关技术人员等 9 名员工。

L 公司在制定行权条件时，参照了一些上市公司的规定，主要包括：激励对象在行权的前一年度，其绩效考核必须合格；L 公司 2018 年、2019 年两个会计年度净利润复合增长率达到 28%；行权的前一年度，公司扣除非经常性损益后的加权净资产收益率不低于 12%；行权员工最近一年没有出现重大违法违规及被公司处罚等行为。

关于行权资金的来源，公司规定共分为两部分：40% 由个人自筹；60% 以个人自身工资为担保，以公司提供贷款的形式进行解决。

该激励方案实行后，管理层的积极性大大提高，当年公司净利润增长率超过 35%，比未激励之前的年复合增长率高 4 个百分点，这充分说明，该公司股权激励产生了积极作用，企业和个人获得了双赢。

L 公司通过股票期权激励，能让高管们的切身利益与企业的效益挂钩，有利于建立有效的内部激励机制和约束机制，调动管理人员的积极性，使其为提高企业的经营业绩而努力。

三藏指引

不少企业家可能会认为股票期权只适合上市公司，理由是非上市公司没有股票价格。其实，这是一个严重的误解。股票期权不能以上市与非上市企业进行区分，关键要根据企业所在行业的特点、企业的成长性及对人力资源的依附性等情况进行综合考虑。

※ 期股：解决一次性支付款不足的问题

期股，指经营者通过部分首付、分期还款而拥有企业股份的一种股权激励工具，是企业所有者向经营者提供激励的一种报酬制度，可以有效解决经理人购买股份一次性支付现金不足的问题。

期股激励有效实行的前提条件是，公司制企业里的经营者必须购买本企业的相应股份。具体体现在企业中，就是企业贷款给经营者作为其股份投入，经营者对其享有所有权、表决权和分红权。其中所有权是虚的，只有把购买期股的贷款还清后才能实际拥有；表决权和分红权是实的，但是分得的红利不能拿走，需要用来偿还期股。

要想把期股变实股，前提条件是必须把企业经营好，企业有可供分配的红利。如果企业经营不善，不仅期股不能变实股，而且本身的投入也可能亏掉。

与股票期权相比，期股是一种强制性的权利安排，对经理人的约束性较强。适合采用期股的企业包括：具有明确上市计划的非上市企业、经改制的国有资产控股企业、国有独资企业。

与其他工具相比，期股具备以下 3 大优点：

1. 股票增值与企业增值紧密联系

股票的增值与企业资产的增值、效益的提高紧密联系，这就促使经营者更加关注企业的长远发展和长期利益；经营者的股票收益难以在短期内兑现，从而在一定程度上避免了经营者的短期行为。“年薪制 + 期股”的激励模式已被越来越多的企业认可。

M 公司“年薪制 + 期股”的股权激励方案

M 公司是一家高科技企业，净资产 600 多万元，职工 1000 多人，年销售收入 1 亿元，企业有自主研发的高科技名牌产品，盈利能力强，企业总体发展势头良好。

M 公司对 15 名企业内部高层管理人员进行了期股奖励。

奖励总额度：15 人共计拿出 165 万元投入企业作为实股

（其中总经理出资 20 万元，副总经理出资 15 万元，其他人员各出资 10 万元）。出资后，总经理可以配得出资额 4 倍（80 万元）的期股，其他人员可配得相当于出资额 3 倍的期股。所有人员的实股都享有所有权和分红权；期股只有分红权，没有所有权。

具体实施办法（以总经理为例）：实施方案通过后，该总经理拿出 20 万元投入企业，即拥有 20 万元的实股，同时也拥有了 80 万元的期股。相当于企业借了这位总经理 80 万元，而且以这 80 万元期股进行每年的分红。

但该总经理不能以现金形式领取这部分红利，而要把红利放在企业，用于把相同金额的期股转化成实股，转化期为 3 年。显然，如果整个企业每年净资产收益率达到 33.3%，也就是该总经理 80 万元期股平均每年必须获得 26.7 万元（80 万元 ×33.3%=26.7 万元）的红利，收益方可顺利完成转化。

如果第一年企业净资产收益率没有达到 33.3%，只完成了 20%，那么，该总经理 80 万元期股的红利收入只有 16 万元（80 万元 ×20%=16 万元），距 26.7 万元还有 10.7 万元差距。在这种情况下，该总经理必须以所持 20 万元实股的红利收入（20 万元 ×20%=4 万元）来补充，补充后仍然不足的部分（6.7 万元）则要另外拿出个人资金补足，方可进入下一年度计算。如果第一年企业净资产收益率超过 33.3%，完成了 40%，那么，该总经理 80 万元期股的红利收入为 32 万元（80 万元 ×40%=32 万元），比 26.7 万元多出 5.3 万元，这部分钱也不能立即变现，而要转入第二年计算。

经过这样“少补多转”，3 年后如果 80 万元期股顺利完成转化，则该总经理将拥有企业 100 万元的实股。再经过 2 年的审计，如果确认该总经理在 3 年任期内没有重大决策失误和弄虚作假等违法行为，他所拥有的 100 万元股份即有效。那么，这 100 万元股份或转让给别人，或由企业赎回，或仍留在企业参与分红，由该总经理自行选择。

2. 股票来源多种多样

期股既可以通过个人出资购买，可以通过贷款获得（由此可有效解决经营者购买股票的融资问题），还可以通过年薪收入（或特别奖励）中的延迟支付部分转化而成。期股通过以未来可获得的股份和收益来激励经营者当下更努力地工作。

3. 经营者的股票收益中长期化

股票收益将在中长期兑现，可以是任期届满或任期届满后若干年一次性兑现，也可以是每年按一定比例匀速或加速兑现。这在一定程度上避免了一次性重奖使经营者一夜暴富、员工间贫富差距过大的问题，有利于企业内部的稳定。

※ 限制性股票：有效管控激励对象

限制性股票是指上市公司按照预先确定的条件授予激励对象一定数量的本公司股票，但激励对象不得随意处置股票，只有在规定的服务期限后或完成特定业绩目标时，才可出售限制性股票并从中获益。否则，公司有权将免费赠予的限制性股票收回或以激励对象购买时的价格回购。也就是说，公司将一定数量的限制性股票无偿赠予或以较低价格售予公司高管人员的同时，会对这种股票的权利进行限制。

对于上市企业来说，这种工具叫作限制性股票，若用于非上市企业则叫作限制性股份。在实践中，限制性股票又细分为折扣购股型限制性股票和业绩奖励型限制性股票。公司采用限制性股票，目的就是激励高管人员将更多的时间和精力投入某个或某些长期战略目标中。

对于非上市企业来说，限制性股份主要有 3 种用途：

• 与其他激励工具配合使用，留住关键人才的限制条件主要是服务较长的年限，这种做法适用于所有行业和所有发展阶段的企业；

- 比较适合商业模式转型的企业或创业期快速成长的企业；
- 用于“金色降落伞计划”，设计老员工的退出机制。

在现行的会计准则下，限制性股票会使公司成本更高，因此股票赠予一般只针对关键雇员。

限制性股票有禁售期，在禁售期限到期或行权授予之前，经理人离开企业，限制性股票也会随之作废，且在未授予之前不能出售或转让限制性股票。如果限制性股票是公司无偿赠予的，则公司无偿收回；如果是折价出售给经理人的，则公司以原来的折扣价进行回购。

限制性股票运转方式一般有以下 5 种：

- 在一个确定的期限内（一般是 3 ~ 5 年）赠予股票或折价出售；
- 基于留在公司服务或达到预定绩效目标而授予；
- 持有人得到股票的全部价值，并在限制期内得到分红；
- 限制取消后持有人完整地取得股票；
- 满足条件后，可以无偿或低价获得股票。

股票期权和限制性股票的区别

一家上市公司给一位高管1万股股票期权，执行价格为每股30元。他的一位同事则获得3500股限制性股票。5年后，股票期权持有人可能会执行所有的期权买入股票，而他的同事也能够出售所有的限制性股票。如果5年后股票价格升至60元/股，股票期权持有人将获得30万元的税前收入，而他的同事通过出售股票将获得21万元的税前收入。如果5年后股价跌至15元/股，股票期权将不值得执行，而持有限制性股票的人通过出售股票将获得52500元的税前收入。比较税前收入，可以看出股票市价的变动直接决定了两者的收益。

※ 虚拟股票：将所有权和收益权分离

虚拟股票并非真正的公司股票，而是在公司内部虚构出一部分股票，仅在账面上反映，采用内部结算的办法，在企业奖励资金中单独列出虚拟股票分红专项资金。

虚拟股票将股份的所有权和收益权分离，持有人只有股份的分红权和增值收益权，而没有表决权和所有权。虚拟股票不需要工商登记和更改公司章程，易于操作。

虚拟股票用于非上市公司则可以称为虚拟股份。

S公司利用虚拟股份激励员工

S公司是一家电子企业，为了增强公司凝聚力，吸引更多优秀人才加盟企业，S公司开始在内部试行“虚拟股份赠予与持有”激励计划，计划的授予对象主要为公司的高级管理人员与技术骨干。

该计划的总体思路为：将每年的员工奖励基金转换为公司的虚拟股份，并由授予对象持有，在规定的期限按照公司的股份价格，以现金形式分期兑现。

具体程序如下：

- 设立一个专门的奖励基金作为实施虚拟股份激励的基础；
- 确定每年度提取的奖励基金的总额；
- 确定公司虚拟股份的初始价格；
- 确定公司每年发放虚拟股份的总股数；
- 对授予对象进行综合考核，确定其评价系数（虚拟股份的分配比例系数）；
- 确定计划受益人的评价系数与单位系数的分配数量，并确定所获虚拟股份奖励的数量；
- 虚拟股份的兑现。

公司虚拟股份的授予对象在被授予并持有虚拟股份的规定期限内，逐步将其持有的虚拟股份转换为现金予以兑现，虚拟股份的转换价格以公司真实股份价格为基础。

以上方案在激励高级管理人员与技术骨干方面发挥了重要的作用，但是在虚拟股份计划中，员工并不持有真正股份，收益是由公司提取的奖励基金支付的，在激励力度上不如股票期权。而且，员工虚拟股份到期需要兑现，届时，公司将面临较大的资金支付压力。

虚拟股票并不适合每个企业，如果现金流并不充裕，虚拟股票激励模式往往会给公司带来非常大的压力。虚拟股份在非上市企业应用较为广泛，我们可以将其与其他股权激励工具组合使用，并设计成为一种可转换的方式，以将相应的虚拟股份转化为真正的实股。

※ 股票增值权：通过股票增值获得收益

股票增值权是公司授予激励对象的一种权利，激励对象可以不通过实际买卖股票，仅通过模拟股票认股权的方式获得股票增值权，并可以授予日净资产值为虚拟的行权价格，在规定时段内根据其持有的股票增值权份额所对应的净资产的增加额度，获得由公司支付的行权收入。

当公司授予的股票增值权的股份价格低于授予日净资产值时，激励对象失去激励资格，如图 4–2 所示。

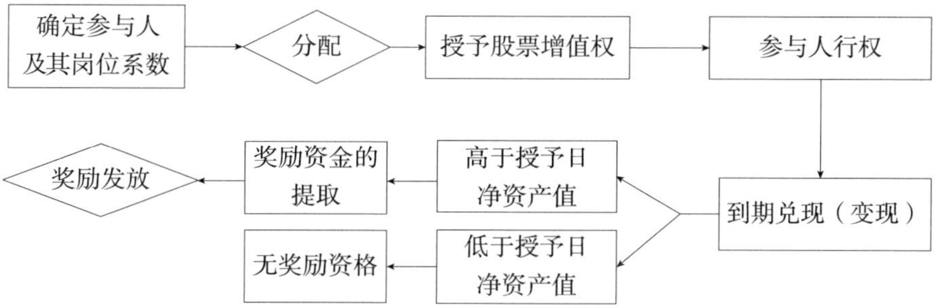

图 4–2　股票增值权授予流程

按“行权价”授予经营管理层一个权利，经营管理层在规定时间内（行权期）可以行使此权利。行使权利时上述指标的对应值为“兑付价”，当兑付价高于行权价时，则经营管理层选择行权，并获得由公司现金支付的行权价和兑付价之差价；反之，如行权价低于兑付价，则经营管理层不选择行权，不获得现金收入，公司也没有现金流出，如图 4–3 所示。

在我国，直接应用股票增值权的企业并不多，反而是它的衍生工具——账面价值增值权应用非常广泛。

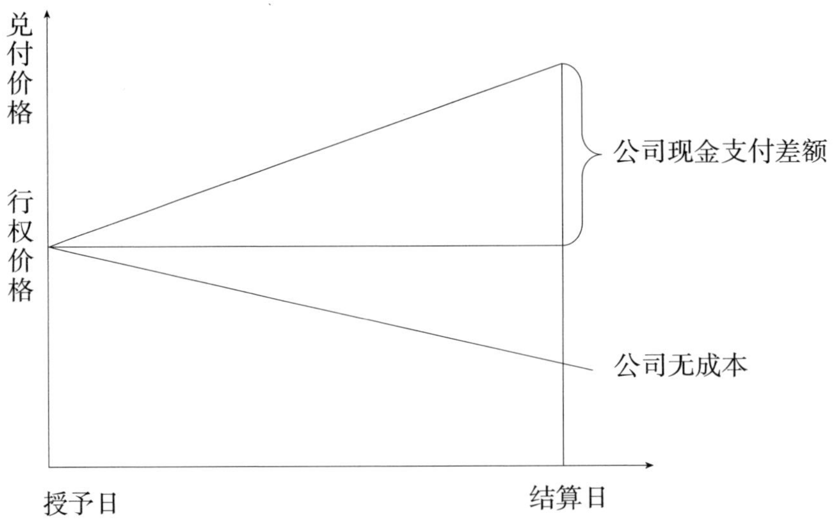

图 4-3　股票增值权实务操作

与股票增值权相比，账面价值增值权以每股净资产值增值部分奖励经理人，而股票增值权是拿股票增值部分奖励经理人。

账面价值增值权一般有两种形式：

一种为购买型，指激励对象在期初按每股净资产实际购买一定数量的公司股份，在期末再按每股净资产期末值回售给公司；另一种为虚拟型，指激励对象在期初不需支出资金，公司授予激励对象一定数量的名义股份，在期末公司根据每股净资产的增量和名义股份的数量来计算激励对象的收益，并据此向激励对象支付现金。

用账面价值增值权奖励经理人

N公司在2017年与职业经理人王总达成账面价值增值收益授予协议，公司在2017年账面价值是1000万元时，授予王总10%的账面价值增值收益（只有收益权）。3年后如果公司账面价值增长，则王总可以在2020年后的4年时间享有10%的账面价值增长收益（4年行权比例分别是1%、2%、3%、4%），如图4-4所示。

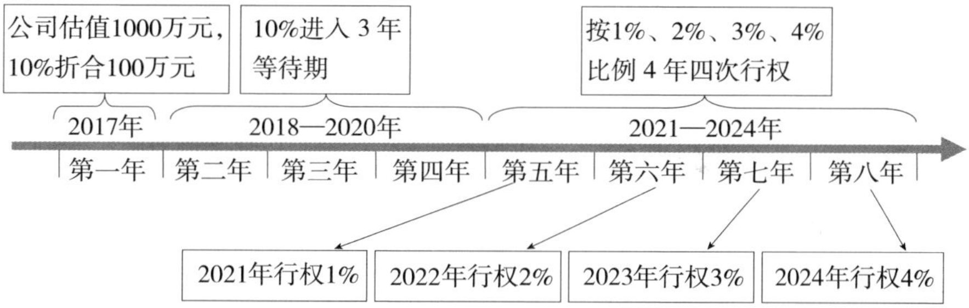

图4-4 王总账面价值增值收益权行权时间

根据公司相关规定，只要公司账面价值增长率达到规定的要求，就必须行权。行权的条件如下：

（1）第一次行权的条件是公司账面价值增长率达到100%，以后每年的行权条件是公司账面价值在上年的基础上增长30%；

（2）若没有达到以上标准，同时经理人没有被解雇，则行权比例叠加到下一年，但行权时必须满足公司复合增长的比例要求。

根据图 4-4 分析，如果 N 公司每年账面价值增长达到 1000 万元，那么王总未来的收益如表 4-3 所示。

表 4-3 王总的账面价值增值收益

年度	公司账面价值	3 年锁定	各年行权权益				计算公式
			2021 年	2022 年	2023 年	2024 年	
2017	1000 万元						
2018	2000 万元	锁定期					
2019	3000 万元	锁定期					
2020	4000 万元	锁定期					
2021	5000 万元		40 万元				（5000–1000）×1%
2022	6000 万元			100 万元			（6000–1000）×2%
2023	7000 万元				180 万元		（7000–1000）×3%
2024	8000 万元					280 万元	（8000–1000）×4%

※ 业绩股票：推动经理人冲刺更高目标

业绩股票激励是指公司用普通股作为长期激励性报酬支付给经营者，并由经营者是否达到了事先规定的业绩指标来决定股权能否转移。

在年初，公司确定一个较为合理的业绩目标，如果激励对象到年末时达到预定的目标，则公司授予其一定数量的股票或提取一定的奖励基金购买公司股票授予经营者。

业绩股票的流通变现通常有时间和数量限制。激励对象在获得业绩股票后的若干年内，需通过业绩考核后，才能获准兑现规定比例的业绩股票，如果未能通过业绩考核或出现有损公司的行为、非正常离任等情况，则其未兑现部分的业绩股票将被取消。

用业绩股票激励公司骨干

W 公司是一家服务型企业。为了有效激励公司销售骨干，W 公司对销售总监和大区经理进行股权激励，主要采用业绩股票激励工具。

W 公司与销售总监签订协议，如果销售部门在 2018 年年底完成公司 5000 万元的销售利润目标，则奖励销售总监 30 万元，但是，在 2018 年年底获得的奖励资金作为购买公司股份的资金，购股价格以 2018 年年初的价格计算。如果销售部门只完成业绩目标的 90% 以上，奖励销售总监 27 万元；如果完成业绩目标的 80% 以上，奖励 24 万元；如果完成业绩目标的 70% 以上，奖励 21 万元；低于业绩目标的 70%，没有奖励。所有奖励都转化为购买股份的资金。

如果超额完成目标，超额多少比例，就在30万元的基础上乘以相应比例作为现金奖励，30万元作为购股资金。

假如2018年年初公司股价为2元/股，到年底，销售部门完成了5500万元的销售利润，那么销售总监将获得15万股的股份，同时还会获得3万元的现金奖励。如果销售部门只完成了4500万元的利润，那么销售总监只能获得公司13.5万股的股份。

W公司以“业绩股票+股票期权”的方式进行股权激励，一方面可以有效激励销售骨干完成公司业绩目标，另一方面可以控制股份授予的上限，避免股份授予过多带来的一系列问题。但是W公司设计的业绩股票方案，是以一年为期限，长期激励性不足，其他企业可以根据需要设计期限更长的激励计划。

※ 延期支付：实现股权激励的长期化

延期支付是指公司将管理层的部分薪酬，特别是年度奖金、股权激励收入等按当日公司股票市场价格折算成股票数量，存入公司为管理层单独设立的延期支付账户。在既定的期限后或在该高级管理人员退休以后，再以公司股票的形式或根据期满时的股票市场价格以现金方式支付给激励对象。

激励对象在延期支付中获得的收入主要来自两个部分：一是股票自身的价值；二是几年内公司股票市场价格上升部分。例如100万股股票，每股价格1元，延迟5年支付，每年可行权20万股，若第一年股价上涨到1.2元/股，如果全部出售，激励对象可获得24万元；第二年如果股价上涨到1.4元/股，则可获利28万元。这5年，股价也在不断变化，经理人只有通过努力提升股价，才能获得更多收益，如果股价下跌，同样也会承担损失，如图4-5所示。

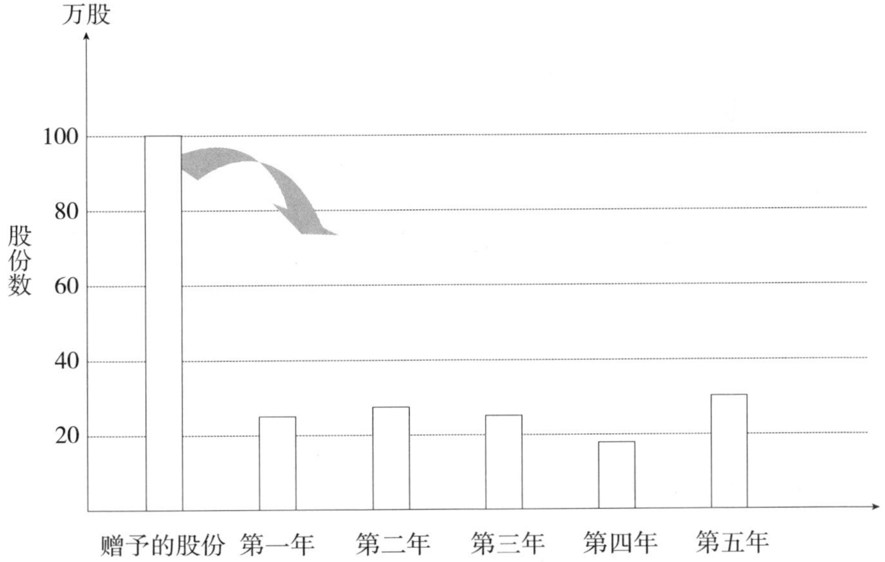

图4-5 延期支付模型

注：每年赠予20万股，分5年完成。

※ 干股：只有分红权的股权激励形式

干股是指在公司的创设过程中或者存续过程中，公司的设立人或股东依照协议无偿赠予非股东的只有分红权的股份。该种股份就是干股，持有这种股份的人叫作干股股东。

1. 干股的特点

干股具有以下 6 个特点：

①干股是协议取得，而非出资取得；

②干股的取得和存在往往以一个有效的赠股协议为前提；

③干股具有赠予的性质，股东资格确认完全以赠股协议为准；

④受到无偿赠予协议制约，协议的内容在章程中体现；

⑤赠股协议若被撤销、解除，则干股股东就失去了股东资格；

⑥干股股东的权利、义务，比如股利请求权、表决权由协议约定。

2. 干股的取得形式

干股的取得有以下 4 种形式：

①既可以是部分股东对股东之外的人赠予股份，也可以是

全体股东对股东之外的人赠予股份。

②既可以在创设时取得，也可以在公司存续期间取得。如果股东在公司存续期间取得干股，且公司并没有增资发行新的股份，则原有股东所持股份比例随之下降。

③干股可能是附条件的股份赠予，也可能是未附条件的股份赠予。附条件的股份赠予协议中所附条件对股份的转让方和受让方产生约束力，在所附条件成就时，受让方取得或失去相应的股份。由于对所附条件是否成就可能存在异议，工商机关在登记变更时对该情况也难以认定，客观上要求法院判决后，工商机关依据法院的判决办理变更登记。

④干股的取得既可能是因为个人的技能或经营才能而取得，也可能因为其他原因而取得。干股的效力如何，最终视赠予协议的效力和履行情况而定。

用干股激励公司人才

F公司的快速发展吸引了不少优秀人才加盟，为了让这些优秀人才在该公司安心工作，该公司推出了干股奖励政策。

何谓干股？简单一点说，就是只能参与分红而不能买卖转让的股份。F公司业务经理因业绩出色，到年底时除领取正常的工资、奖金外，为提高其积极性，公司再奖励其 5% 的干股。如果本年度公司用于分红的数目是 100 万元，那么这个业务经理所获得的 5% 的干股奖励就可分得 5 万元。当这个业务经理出于个人原因辞职，这 5% 的干股就会自动取消，公司既不允许他转让，也不允许他带走；如果他在公司工作一辈子，这部分干股就一直存在，并且每年都能参与公司的年度分红。随着其业绩的增长和贡献的增加，为了激发他的工作热情，干股的比例还可逐年加大。

干股政策的推出既充分调动了 F 公司员工的积极性，又有效保证了各位初始股东的利益。

※ 管理层收购：实现经营者持股经营

管理层收购（MBO）是指公司管理层或全体员工，利用杠杆融资购买本公司的股份，成为公司股东，与其他股东风险共担、利益共享，从而改变公司的股权结构、控制权结构和资产结构，实现持股经营。

管理层收购是一种极端的股权激励手段，因为其他激励手段都是所有者（产权人）对雇员的激励，而管理层收购则将激励的主体与客体合二为一，从而实现了被激励者与公司利益、股东利益的完整统一。

管理层收购通常的做法是公司管理层和员工共同出资成立职工持股会，或者公司管理层出资（一般是信贷融资）成立新的公司作为收购主体，一次性或多次收购原股东持有的公司股份，从而直接或间接成为公司的控股股东。

当管理层一时间拿不出巨额的收购资金时，一般的做法是管理层以私人财产作抵押向投资银行或投资公司融资；成功收购后，再改用公司股权作抵押；有时，出资方也会成为股东。

宇通客车管理层收购案

2001 年 3 月，宇通客车总经理汤玉祥与 22 个自然人（其中 21 个自然人是宇通客车职工）共同设立了上海宇通创业投资有限公司，注册资本为 12053 万元，汤玉祥为法定代表人。

2001 年 6 月，宇通客车发布了公司第一大股东股权变动公告，宣布公司接到第一大股东郑州宇通集团有限责任公司通知：宇通集团的所有者郑州市国有资产管理局，已于 2001 年 6 月 15 日在河南省郑州市，与上海宇通创业投资有限公司、河南建业投资管理有限公司签订了《关于郑州宇通集团有限责任公司股权转让协议》及《股权委托管理协议》。此次股权转让是指郑州市国有资产管理局协议将所持有的宇通集团 89.8% 的股份转让给上海宇通，另 10.2% 的股份转让给河南建业。

由于当时财政部对 MBO 的操作规范还在研究中，所以，宇通客车的报批没有通过。

时隔两年，也就是 2003 年 12 月 3 日，上海宇通以郑州市财政局合同违规和没有及时返还股权转让款为由，向郑州市二七区人民法院申请支付令，要求返还股权转让款并赔偿利息。

郑州市二七区人民法院据此做出司法裁定后，宇通集团于 2003 年 12 月 30 日在郑州市工商局办理了工商变更登记手续，宇通集团的股权结构变更为上海宇通持有 90% 股权，宇通发展持有 10% 股权，宇通集团的企业类型合法变更为私营有限责任公司。于是，上海宇通便间接持有上市公司宇通客车 17.19% 的股权，从而获得了宇通客车上市公司的实际控制权。至此，从一定意义上来说，宇通客车完成了 MBO。

※ 员工持股计划：利益捆绑每个员工

员工持股计划是指由公司内部员工个人出资认购本公司部分股份，并委托公司进行集中管理的产权组织形式。

员工持股计划的核心在于通过员工持股运营，将员工利益与企业前途紧紧联系在一起，形成一种按劳分配与按资分配相结合的新型利益制衡机制。同时，员工持股后便承担了一定的投资风险，这也有助于唤起员工的风险意识，激发员工的长期投资行为。

员工持股不仅使员工对企业运营有了充分的发言权和监督权，而且使员工更关注企业的长期发展，这就为完善企业决策、经营、管理、监督和分配机制奠定了良好的基础。

广义的员工持股计划，适用于创业初期对人力资本依附性较强的公司。真正的员工持股计划适用于国有企业，即当国有企业对管理层实施其他模式的股权激励时，可以用员工持股计划来消除管理层和员工之间的利益矛盾；或是当民营企业收购国有企业时，为了让收购行为成功，需要获得员工的支持，这时就需同时实施员工持股计划。

员工持股的方式通常有两种：一种是通过信托基金组织，用计划实施免税的那部分利润回购现有股东手中的股票，然后再把信托基金组织买回的股票重新分配给员工；另一种是企业建立工人信托基金组织，一次性购买原股东的股票，然后企业按照制订的员工持股计划向员工出售股票。

三藏指引

权、责、利不同，决定了股权激励各工具具有不同的适用范围，企业可以根据自身需要，灵活选用，甚至在此基础上组合或发展出更加适合自身需要的股权激励工具，以适应企业发展的需求。

第5章
延伸：组合工具威力无边

- 企业如何综合运用股权激励工具规避风险？
- 企业如何发展出适合自己的股权激励工具？
- 非上市公司经常采用什么样的股权激励工具？
- 如何在不丧失企业所有权的前提下更好地激励员工？

不少企业家已经切实感受到了股权激励的重要性，但是如何使用股权激励工具，如何设计出适合本企业需要的股权激励方式，并保障实施效果，是最令企业家头痛的问题。

我们对国内众多实施股权激励的企业进行调查发现，非上市公司大多采用“干股+实股+股份期权”这一组合工具，并且经常使用虚拟股份的激励方式进行变换。这一组合工具简单实用，效果很好，并且还不会丧失企业所有权。

※股权激励组合拳：干股 + 实股 + 股份期权

大多数企业家最大的困惑不是股权激励要不要实施，而是如何实施。对于不少发展型企业来说，最常用的股权激励模式是“干股 + 实股 + 股份期权”这一模式，如图 5-1 所示。

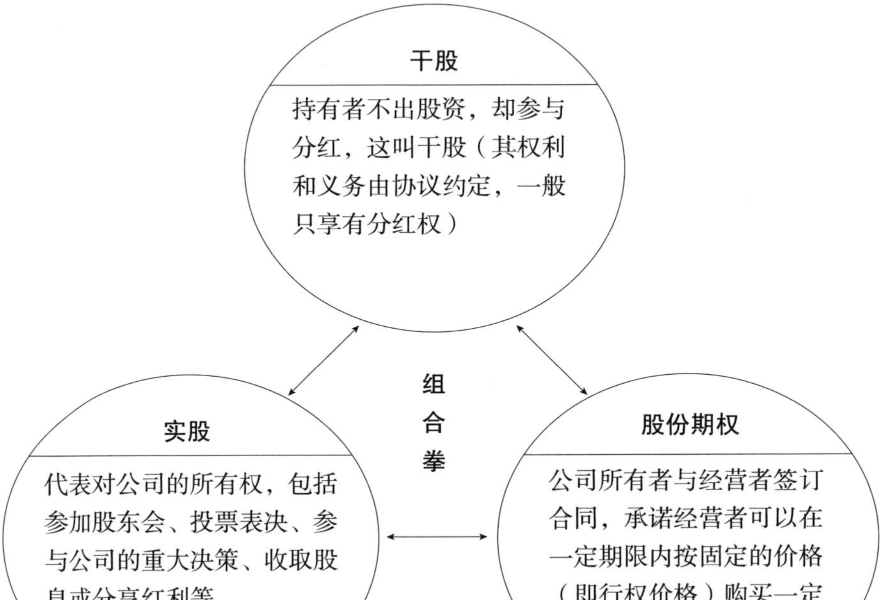

图 5-1　发展型企业股权激励组合拳

D公司的组合股权激励方案

随着公司的发展壮大，D公司引进了大量的管理、技术人才，也建立了一套工资、奖金收入分配体系。

为了适应公司的战略规划和发展，构建和巩固企业的核心团队，企业需要重新界定和确认产权关系。为了使企业的核心团队更好地为企业发展出力，使企业更具凝聚力和效率，D公司设计了一套“干股+实股+股份期权”的多层次长期激励计划。

授予对象：高管层和管理、技术骨干，共20位。

持股形式：干股+实股+股份期权。

岗位干股计划——岗位干股的设置着重考虑被激励对象的历史贡献和现实业绩表现，只要属本计划所规定的岗位就有资格获得岗位干股。岗位干股的分配依据为所激励岗位的重要性和激励对象的业绩表现，于每年年底公司业绩评定之后进行重新调整和授予，作为名义上的股份记在各经理人员名下，目的是获得其分红收益。岗位干股的授予总额为当期资产净值的10%。

持股计划——在增资扩股中由高管层和管理、技术骨干自愿出资持股。

股份期权计划——股份期权设置着重于公司的未来发展战略，实现关键人员的人力资本价值最大化。从原股东当前资产净值中分出10%转让给被激励对象，依据每位被激励对象的人力资本量化比例确定授予其的股份期权数。如在本计划开始实施时一次性授予，可假定为 2022 年 1 月 1 日，以 1 元 / 股将公司当期资产净值划分为若干股份，行权时经理人员以 1 元 / 股的价格购买当时已增值的公司股份。

对于一个处于高速成长期的民营企业来说，最为关键的是构建一个稳定的核心团队以及留住优秀员工。从 D 公司案例中我们可以看到该企业设计了一个多层次的股权激励方案：一方面通过自愿原则，让员工主动参与企业经营管理，分享公司的成长价值；另一方面通过岗位干股设置肯定员工对公司的现实贡献。

这个方案既通过干股设置实现了短期激励，又通过现金购股和股份期权实现了长期激励，体现了公司原股东的包容性和利益共享的企业文化，有较好的激励效果。

※ 超额利润激励：让激励对象关注企业利润

超额利润激励是通过给经营者设定相关目标，将经营者超额完成的部分按照一定比例进行分红的激励方式。超额利润激励会促使经营者更加关注企业利润，想方设法降低企业经营成本，提升公司营业收入。

Q公司的超额利润激励法

Q公司对核心高管进行超额利润激励，激励措施见表5-1。

表5-1　Q公司超额利润激励措施

超额利润比例	激励比例
0< 利润超额比例≤ 25%	奖励超额部分的15%
25%< 利润超额比例≤ 50%	奖励超额部分的25%
50%< 利润超额比例	奖励超额部分的45%

Q公司的超额利润激励对象主要涉及以下人群：

赵总经理，占比30%；

张副总，占比15%；

王副总，占比15%；

陈经理，占比10%；

其他几位经理，合计占比30%。

设定3年的利润目标公式为：

当年利润目标 = 上一年利润 ×（1+ 无风险利润率）×（1+ 利润增长率）

2019年Q公司利润为500万元，公司希望在今后几年保持30%的利润增长率，无风险利润率为8%，则最近3年的利润目标为：

2020年利润目标 =500×（1+8%）×（1+30%）=702万元

2021 年利润目标=702×（1+8%）×（1+30%）=986 万元

2022 年利润目标 =986×（1+8%）×（1+30%）=1384 万元

说明：

当年度利润设定以后，则无论今年完成多少，明年仍按当初设定执行。如今年目标为 1000 万元，明年是 1378 万元，即使今年完成了 1500 万元，明年目标仍然是 1378 万元；若上年度目标没有达成，则今年超额部分需补齐上年的差额部分后方可进行超额利润激励；3 年过去，则以新的 3 年目标滚动（之前明确此激励方案有效期的除外）。

Q 公司核心高管超额利润激励计算结果如表 5-2 所示。

表 5-2　Q 公司核心高管超额利润激励计算表

单位：万元

项目	2019 年	2020 年	2021 年	2022 年	2023 年	2024 年	2025 年
销售额	3333	4733	10000	11333	16667	26667	36667
目标利润	500	702	986	1384	2343	3228	4448
实际利润	500	710	1500	1700	2500	4000	5500
超额利润比例	0	1%	52%	23%	7%	24%	24%
奖励比例	0	15%	45%	15%	15%	15%	15%
奖励额	0	1.2	231.3	47.4	23.55	115.8	157.8
赵总经理 30%	0	0.36	69.39	14.22	7.065	34.74	47.34
张副总 15%	0	0.18	34.695	7.11	3.5325	17.37	23.67
王副总 15%	0	0.18	34.695	7.11	3.5325	17.37	23.67
陈经理 10%	0	0.12	23.13	4.74	2.355	11.58	15.78
其他几位经理 30%	0	0.36	69.39	14.22	7.065	34.74	47.34

如图 5-2 所示，我们以赵总经理为例，可以清晰了解赵总经理的收益与公司利润情况对比。

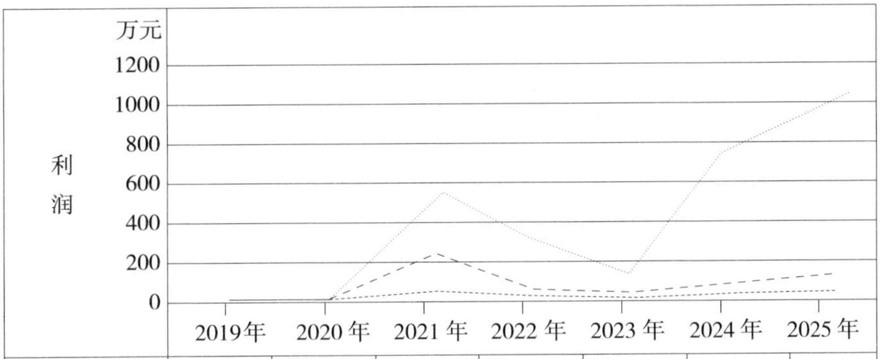

	2019年	2020年	2021年	2022年	2023年	2024年	2025年
超额利润	0	8	514	318	157	772	1052
奖励额	0	1.2	231.3	47.4	23.55	115.8	157.8
赵总经理激励额	0	0.36	69.39	14.22	7.065	34.74	47.34

图 5-2　超额利润—奖励额—赵总经理激励额对比

※ 在职分红：对岗激励而不是对人

在职分红激励是针对某一类或某些特定岗位而设定的用于激励的在职虚拟股份，在此基础上，激励对象只享受分红的权利。在职分红激励的对象一定是能对企业未来发展起到作用的人。在职分红对岗不对人，但当有人一人多岗时，那么针对此人就需要特别设定，不可叠加激励数量。

在职分红激励需要与相应的考核机制配套使用，以相关量化考核数据作为激励的依据。

用数据细化考核

考核对象：公司核心管理团队成员（包括赵总经理、张副总、王副总、陈经理）

考核周期：2020 年

考核时间：2021 年 1 月 1 日

考核指标：

1. 价值观：一票否决制

价值观必须与公司一致，具体表现为愿意与企业共同发展，认同企业理念，如愿意与企业签订劳动合同、竞业禁止协议和保密协议。

2. 公司指标：上下浮动制

公司指标达到 85 分及以上的系数为 1，70 ~ 84 分的系数为 0.7，70 分以下的系数为 0。

3. 部门指标：上下浮动制

部门指标达到 85 分及以上的系数为 1，70 ~ 84 分的系数为 0.7，70 分以下的系数为 0。

4. 自律项：一票否决制

遵守公司的规定，违法次数超过规定次数后即一票否决。

5. 品德项：一票否决制

为人处世符合社会习惯，具有良好的品德，如由员工进行表决，85% 以上投赞成票即为合格。

6. 成长项：上下浮动制

学习投资等于或高于收入的 5%，成长项系数为 1，学习投资每降低 1%，成长项系数降低 0.05。如本年度学习投资为 4%，则成长项系数为 0.95。成长项系数最低为 0.80。

具体考核结果如表 5-3 所示。

表 5-3　核心高管 2020 年在职分红实际考核结果

被考核对象	赵总经理	张副总	王副总	陈经理
考核时间	2021 年 1 月 1 日	2021 年 1 月 1 日	2021 年 1 月 1 日	2021 年 1 月 1 日
担任职位	总经理	销售副总	营运副总	研发部经理
应激励额度	7 股	5 股	3 股	1 股
价值观	合格，系数为 1	合格，系数为 1	合格，系数为 1	合格，系数为 1
公司指标	公司指标考核 85 分，系数为 1	公司指标考核 85 分，系数为 1	公司指标考核 85 分，系数为 1	公司指标考核 85 分，系数为 1
部门指标	—	部门指标考核 75 分，考核结果：系数为 0.7	部门指标考核 78 分，考核结果：系数为 0.7	部门指标考核 85 分，考核结果：系数为 1
自律项	合格，系数为 1	合格，系数为 1	合格，系数为 1	合格，系数为 1
品德项	合格，系数为 1	合格，系数为 1	合格，系数为 1	合格，系数为 1
成长项	系数为 1	系数为 1	系数为 1	系数为 1
激励额度考核结果	7 股	3.5 股	2.1 股	1 股

※ 人才培养激励：用虚拟股份培养人才

对于不少企业来说，人才是发展的核心，比如连锁类企业的终端店长可能是企业需要重点关注和培养的对象。但是，招募一个适合本企业的优秀店长是很难的，从企业内部培养也会存在不少问题。例如，优秀的老店长总是不太愿意倾囊相授，导致企业在快速扩张的过程中，没有优秀人才可用。

针对这种情况，我们可以设计一种人才培养的股权激励方式。

K公司的店长人才培养激励方案

K公司是一家连锁美容企业，在广东省建立了三十多家终端门店。伴随着企业的快速发展，K公司门店店长的人才瓶颈成为制约公司发展的最大障碍。

该公司的门店店长，或来自企业的外部招聘，或来自内部推荐，虽然都采用了高额的奖励制度，但作用不大，符合要求的新店长人数非常有限。

对此，K公司进行了改革，引入店长人才培养股权激励方案。K公司的老店长经验最丰富，是门店发展的最大贡献者。K公司对此进行股改：如果原有店长在本店培养一名优秀店长，并通过总部考核进入新店工作，那么该老店长将会获得新店长在新店的在职分红股，分红收益为该店营业额的5%。前提条件是，该老店长一直在本公司工作，该新店长也一直在本公司工作，两个条件必须同时具备。如果新店长又培养了第三批次的店长，那么原老店长在第三批次的店仍然有1%的在职分红股。在职分红只到第三批次截止。

同时，每个店长若每年完成公司下达的目标，也会获得相应的在职分红股份。如果三年考核期完成目标，在职分红股可以转换成本店的注册实股。若店长任职满五年，并达到相应考核标准，则追加公司总部的注册股。

在K公司实施股权激励后，每个店长积极培养输送新店长，很好地解决了公司人才瓶颈的问题，而且店长的工作积极性也比原来更加高涨，公司迅速从两年前的三十多家店发展为如今的三百多家店，营业额翻了十倍。

※ 身股创新激励：让员工关注企业需求

小企业老板领头干、自己管，所以效率高、成本低。但企业做大后，老板需要通过聘用经理人实行分级管理，此时所有权与经营权分离，因此，效率普遍下降，而成本相应上升，浪费情况严重。所以，怎样让经理人像老板一样勤奋、节俭，成为现代企业管理的头号难题。身股创新激励在解决经理人动力不足问题方面具有极大的作用。

随情况而变的股权激励方案

Z公司在天津有超过30家分店，但激励制度落后，2017年，企业遭遇重大困难，现金流成为巨大负担。

一期股改——身股分红“鞭打快牛”

Z公司关闭先天不足的门店，保留26个门店，实行二级管理的独立核算。以2016年实现利润为基数（亏损店基数为0），超额部分按照企业40%、店长40%、员工20%的比例进行身股分红，将店长模拟为老板。例如S门店2016年利润为100万元，2017年实现利润120万元，2018年实现利润140万元，则店长2017年可以拿到的分红为（120-100）×40%=8万元，2018年分红为（140-120）×40%=8万元。

此方案简单易行，实施两年，公司成本下降明显，企业利润得到明显提升。

二期股改——身股分红“鞭打慢牛”

一期股改是公司在已经特别困难的情况下，为求生存进行的股改，实施了一刀切的方案，身股分红的基数按各店原有水平确定，亏损门店的基数为0。

二期股改调整了分红比例系数，利润为100万元及以上的分店，利润基数的调整系数为0.8；利润为20万～100万元的分店系数为0.9；利润为20万元以下的分店利润系数为1。

举例说明：2017年××店利润为90万元，2018年利润为110万元，利润平均数为100万元，基数调整系数为0.8，则该分店二期股改超额分红的基数为：100×0.8=80万元，即2019年和2020年分店创造的利润超过80万元的部分，就可以按照40%的比例给店长分红。

基数调整系数的设置使利润高的店面只要保证达到2018年的利润水平，就有分红空间。而规模小的店面，必须实现利润数额的增长才能够分红，变“鞭打快牛”为“鞭打慢牛”。

三期股改——功劳身股平衡收益

Z公司根据各分店两年的利润情况确定基数，设立功劳身股。功劳身股是根据各分店利润基数的大小来确定的。如实现120万元利润的分店，依然保留超额部分4：4：2的分红原则，功劳身股为120×（1−0.8）×40%=9.6万元，10万元以下的分店不设功劳身股，而且实现利润越大，功劳身股分红越多。

如60万元利润的分店，功劳身股分红为60×（1−0.9）×40%=2.4万元。这样120万元利润基数的分店，相比上年超额30万元，店长分红总额为：9.6万元（功劳身股）+12万元（超额身股分红）=21.6万元。而60万元利润基数的分店也超额完成30万元，店长身股分红为：2.4万元（功劳身股）+12万元（超额身股分红）=14.4万元。

假如上年60万元利润的分店今年也实现了120万元利润，它的基数也变为120万元，店长分红总额为：9.6万元（功劳身股）+24万元（超额身股分红）=33.6万元。

四期股改——实股购买实现创业

为了进一步抢占市场，加快开发新门店的步伐，Z公司实行了员工创业计划，并推出第四期的股改方案：

开设新的门店，投资总额以50万元为基数；

集团组建新的分店时，鼓励员工（新开分店店长）出资10万元，占20%的股份；

公司承诺：分店一旦盈利，将赠予店长10%的股份；

分店亏损期间，店长只领取基本工资；

分店盈利后将实行身股分红，采用功劳身股和超额身股相结合的分红方式。

方案推出一年，Z公司门店数量迅速增长，由26家门店迅速扩张到115家门店，新开门店中，实现盈利的门店占80%。公司保持了良好的发展态势。

三藏指引

虚拟股份并非真正意义上的公司股份，它是一种不用花钱的激励方式。由于其不影响公司的总资本和所有权结构，更容易被公司所有者接受。对于广大的中小企业来说，在目前的制度环境下，尤其是老板对公司控制权比较看重的情况下，这种方式不失为一种非常好的股权激励方式。

第 6 章
构建：10 大要素框定模型

- 企业实施股权激励，需要考虑哪些因素？
- 如何顺利实现股权激励工具的转变？
- 股权激励究竟应该激励哪些人？
- 股权激励究竟是应该“直接给”，还是让管理者花钱买？

股权激励能否成功，一方面在于企业如何设计股权激励方案，另一方面在于企业如何完善和实施股权激励方案。股权激励方案设计包含 10 大要素，如图 6–1 所示。

股权激励是一项复杂的系统工程，必须妥善处理、平衡各利益相关方的关系，所以在实际操作中必须遵守四项原则。

第一，合法合规。首先，股份来源应合法合规。一般来说，公司股东拥有公司的股权，公司本身并不拥有公司股权（在国

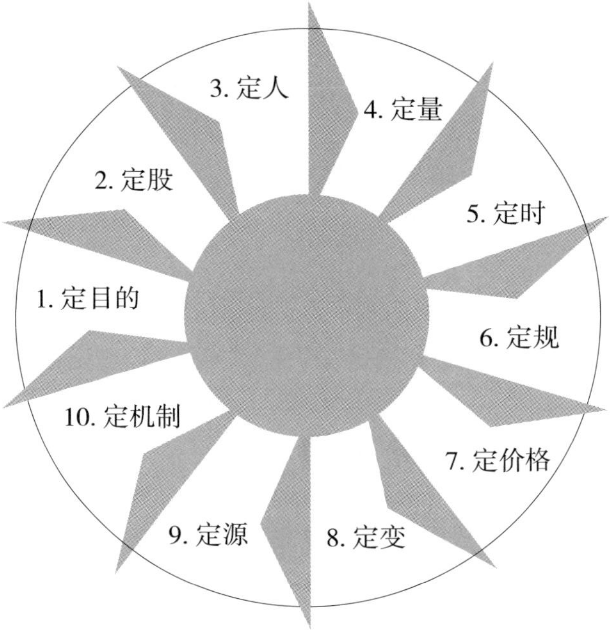

图 6-1　股权激励方案设计10大要素

外有些国家法律规定公司为了实行股权激励计划，可以预留一定的股份），但是与经理人签订劳动合同的是公司，而不是公司的股东，因此，如果要实行现股股权激励，公司首先需要取得股权。对于非上市公司，取得股权的方式是公司的股东转让或公司进行增资扩股。其次，股权激励方法要合法合规。非上市公司实施股权激励，可以参考《中华人民共和国公司法》、《股权激励有关事项备忘录》（1 ~ 3 号）、《企业会计准则》等相关法律法规。

第二，确保股东利益最大化。股权激励不得损害股东利益，不能以个人喜好为导向实施。在国内，大股东损害小股东利益的现象时有发生，企业必须建立完善的董事会、监事会、信息披露机制等，以加大监管力度。

第三，激励与约束并重。股权激励既要激励公司员工提高工作积极性，实现公司短期和长期目标，又要约束被激励者方式、行为不能走样。实施股权激励时，依据相关法律，可以设计相应条款，约束被激励者的行为。

第四，可操作性。股权激励的方案要便于操作，切合实际。因此，企业在设计相关规章制度、股权方案时，要结合实际情况，明确相关要素。

※ 定目的：避免股权激励走形式

一个合适的股权激励方案对企业的价值是巨大的。如何设计一套合适的股权激励方案？首先，应该明确股权激励的目的，避免股权激励流于形式。对于发展型企业而言，实施股权激励主要有以下 6 个目的。

1. 提高公司业绩

实施股权激励之后，公司核心管理层和普通员工成为公司股东，拥有分享企业利润的权利。通过利益共享，股权激励可以有效提高员工的积极性、提升员工工作效率、减少员工短视行为，进而达到提升公司业绩的目的。

2. 激励团队成员

人力资源在企业资源中的重要性是每个企业都不能忽视的，从激励团队成员的角度来看，对不同的人应采用不同的股权激励方式，后文我们将详细阐述。

3. 降低成本压力

对于任何一家企业来说，现金流和人才流是关乎企业生死的最关键要素。发展型企业在发展初期一般都会面临资金短缺的压力，股权激励可以用未来的钱或市场的钱来吸引、激励优秀人才，大大减轻公司的成本压力。

4. 吸引并留住优秀人才

统计数据显示，出于种种原因，中国的高管人才流失率高达 60%。股权激励能实现企业所有者与经营者的利益捆绑，被认为是吸引并留住优秀人才的“金手铐”。

用股权激励留住人才

蔡崇信于1999年加盟阿里巴巴。当时马云给出的月薪只有500元人民币，蔡崇信更多的收入来自股权激励。值得注意的是，此前蔡崇信是瑞典银瑞达集团的副总裁，年薪高达七十多万美元。

没有蔡崇信，阿里巴巴恐怕撑不过电子商务泡沫；没有蔡崇信，阿里巴巴就拿不到软银资金、吃不下雅虎中国。马云说：我最感谢的人是他！

5. 整合上下游资源

股权激励不仅仅只是针对企业内部成员，通过改善公司治理结构，股权激励还可以实现上下游的资源整合。

用股权激励整合资源

J公司是一家皮具生产商，经销商遍布全国各地。为了更好地规范经销商管理，提高经销商销售本公司产品的积极性，J公司与下游经销商签订了股权激励相关协议，实现彼此互相持股，利益捆绑。该方式执行不到半年，企业业绩得到了飞速提升，同时企业的渠道管理得到进一步加强，厂家对经销商的掌控能力明显提升。

6. 实现新老员工的有效更替

企业的元老对企业的发展起到了重要的推动作用，但是随着企业快速发展，部分老员工可能面临退休、能力水平跟不上发展需要等问题。他们的存在，导致有能力的新人发展的空间被挤压，成为企业发展的障碍。但是对这些人的职位调整必须谨慎，一旦职位调整不到位就会给企业造成很大的负面影响。而我们通过股权激励就能很好地解决这一问题，因此股权激励也被誉为“金色降落伞计划”。

※ 定股：选对股权激励工具

企业究竟应给激励对象什么性质的股份？这个股份是现在的，还是未来的？是法律意义上的，还是管理意义上的？是虚拟的股份，还是真实的实股？

企业应根据自身的规模和所处的阶段，选择合适的股权激励策略和激励工具，如表 6-1 及图 6-2 所示。

初创期，分红权、分红回填股、技术入股等股权激励模式是比较理想的。

表 6-1 不同企业规模股权激励工具选择

企业规模	股权激励工具
中小企业	虚拟股票、账面价值增值权等
非上市公司	期股、员工持股计划、虚拟股份等
上市公司	股票期权、业绩股票、延期支付等

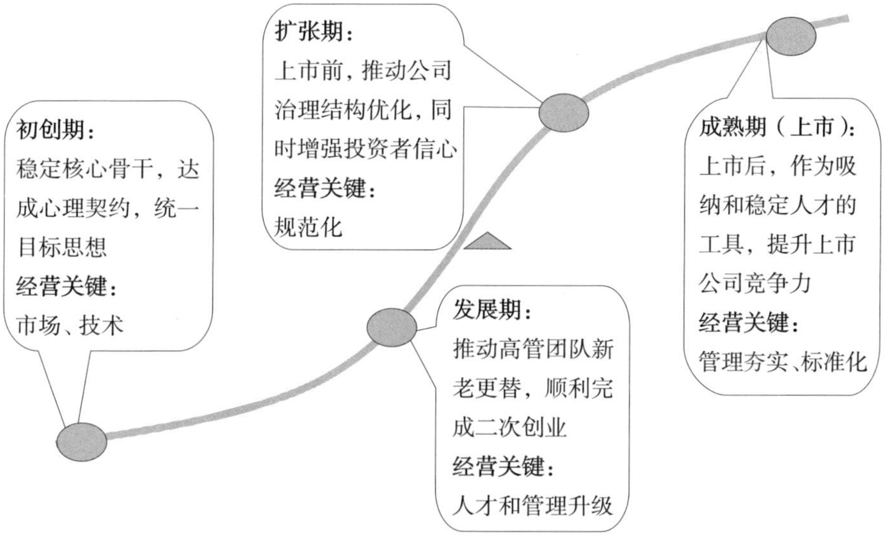

图 6-2 不同发展阶段企业股权激励策略

发展期的股权激励模式有：员工以技术、资金、人力资本等要素入股；员工持股计划；储蓄—股票参与计划；期股；等等。

扩张期较为合适的股权激励模式有：业绩股票、员工持股计划、参与计划、储蓄—股票参与计划、延期支付计划等。

成熟期企业可以根据具体情况，选择业绩股票、股票期权、股票增值权、虚拟股票和延期支付计划等激励模式。

※ 定人：给对人很重要

选对股权激励的对象很重要。首先，根据二八原则，20%的人创造了80%的利润，作为稀缺资源的股权应优先用于激励20%的核心人员，包括决策层和核心骨干员工；其次，股权激励也要照顾到其他人的利益。我们从3个方面进行考虑，根据不同职位、人员性质、关联程度进行划分，如表6–2所示。

表6–2 股权激励的对象

根据不同职位划分	根据人员性质划分	根据关联程度划分
核心高管 中基层管理人员 基层人员 业务团队 非业务团队	“明日黄花” “时下英雄” “明日之星”	上游供应商 下游经销商 其他战略合作伙伴

企业可以从以下 7 个方面进行考虑，确定激励对象，如图 6-3 所示。

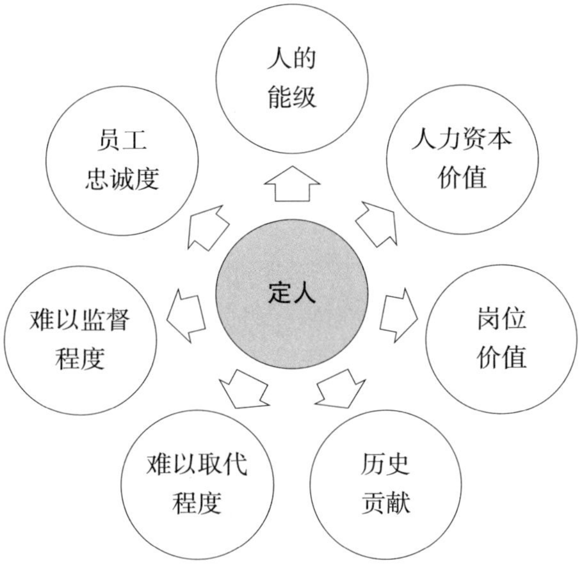

图 6-3　股权激励定人的考虑要素

1. 人的能级

我们将企业的员工由低到高依次分为 7 个能级：职工级、职员级、主管级、管理级、经营级、战略级、整合级。不同能级的员工对企业的价值是不一样的，股权激励对象的选择是由高到低进行筛选。

2. 人力资本价值

人力资本价值是股权激励最需要考虑的因素。我们设计岗位价值评估方案，对每个激励对象的岗位价值进行量化，依据量化的数据授予相应股权激励数量，确保决策的科学性。

3. 岗位价值

企业可以采用岗位价值分析模型，对不同职级员工岗位价值进行分析。我们可以将企业的三个层级（经营层、管理层、操作层）进一步细分，比如总经理作为经营级别，又可以细分为一级、二级、三级三个级别，然后进行排序。针对不同部门，需要分析其对企业价值贡献的大小，形成不同部门岗位价值系数分析表，例如营销总监的岗位价值系数为 1.7，财务总监的岗位价值系数为 1.5，他们获得股份的数量也会有所不同。

4. 历史贡献

对做出历史贡献的人实施股权激励，侧重点在于奖励过去的贡献，让其他员工看到自己的未来。该类股权激励方案要想实现“软着陆”，就要尽量避免将所有权释放，多用收益奖励更好一些。

5. 难以取代程度

如果岗位难以取代，则股权激励更大的意义在于留住优秀人才，避免人才流失。企业高管、核心技术人员往往是难以取代的人才，需要重点关注。

6. 难以监督程度

一般来说，对于难以监督的岗位，实施股权激励往往能有效激励和约束相关人员。当然，企业也需要建立相应考核机制，避免相关人员损害股东的利益。

7. 员工忠诚度

员工的忠诚度不同，企业实施股权激励也应有不同思考方向。忠于老板的员工可以放在集团，用集团股激励；忠于自己的员工，可以放在分（子）公司，用分（子）公司的股份进行激励；看好企业发展的员工，要考虑他的关注点，即关注哪个企业、哪个部门或哪个项目，可以用对应的股权进行激励。

※ 定量：把控股权激励数量

到底应该拿出多少额度激励员工，这是所有实施股权激励的企业都关心的问题。在上市公司，一般对管理层推行股权激励的实施额度不能超过公司总股本的 10%。

1. 股权激励总量的确定

不同公司在确定股权激励总量时，都必须考虑 8 大要素，如图 6-4、表 6-3 所示。

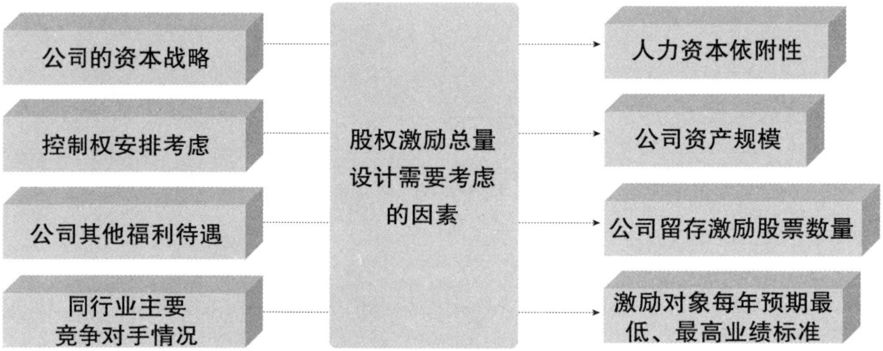

图 6-4　股权激励总量设计需要考虑的因素

表 6-3　股权激励总量设计需要考虑的问题

考虑因素	具体内容
公司的资本战略	需要考虑公司未来股权融资、并购重组需要占据的股份数量，从而推算出股权激励总量
人力资本依附性	对于人力资本依附性较强、资金门槛比较低的企业，给予经理人股权激励的总量一定要大；对于人力资本依附性不强、资金门槛比较高的企业，给予经理人股权激励的总量则不必太大
控制权安排考虑	股权激励必然会稀释原有股东的控制权，因此，股权激励总量要充分结合控制权，安排考虑股东能够忍受的控制权稀释的最高限度
公司资产规模	公司资产规模越大，其总股本一般相应越大，因此授予额度占公司总股本的比例应越低，否则其就是一个天文数字

（续表）

考虑因素	具体内容
公司其他福利待遇	规模大的公司，一般工资、福利待遇相对较好，股权激励的数量就不会太大；而规模小的公司，工资较低，福利相对一般，而且未来发展前景不明朗，这时股权激励的数量就需要多一些
公司留存激励股票数量	公司需要经常盘点留存激励股票数量，做好全面统筹规划
同行业主要竞争对手情况	对外具有竞争性的股权激励，对留住和吸引优秀人才意义重大，因此，股权激励要充分考虑竞争对手的激励情况
激励对象每年预期最低、最高业绩标准	股权激励一般都会将业绩标准纳入考核标准范围，标准过高，经营者无法完成，会失去斗志；标准过低，经营者轻松完成后，无动力冲刺更高目标

对于非上市公司，股权激励的尺度可以适当放宽，但是对于处在不同发展阶段的企业，股权激励的策略是不一样的，如表 6–4 所示。

表 6–4　不同时期股权激励额度限制

发展阶段	激励对象	股份	股份价值	股权策略	股权激励额度
初创期	创始人和企业高管	很高	很低	进攻型统筹	不超过 1/3
发展期	扩大到中高层管理人员	较高	较低	管理型统筹	不超过 1/2
扩张期	延伸到中基层	较低	较高	防御型统筹	不超过 2/3
成熟期	激励人群进一步加大	很低	很高	公众型统筹	不受限

在确定股权激励总额的基本要求之后，应如何具体决定股权激励计划的激励总额？一般情况下有 3 种方法，如表 6–5 所示。

表 6–5　股权激励总额的确定方法

留存股票的最高额度	根据薪金确定激励总量	基于业绩确定激励总量
这一额度代表现有股东所能承受的股权稀释的最大程度。在这一额度限制下，企业可以根据规划，对该额度进行合理分配	企业根据全体员工总年薪的某个百分点，或以其他薪金为基础，套算出股权激励的总量。例如，工作 10 年以上员工所拥有的公司所有权价值是年薪的 1.5 倍，工作 20 年以上员工所拥有的公司所有权价值是年薪的 4 倍，公司每年的股权支出是其总薪金支出的 1/10 到 1/20	企业设定某一业绩目标，如果员工在规定时间完成或超越目标，那么公司将按计划中规定的比例授予员工股权

2. 股权激励个量的确定

股权激励最终都要落实到个人，因此必须考虑到个人获得股权数量的方案。激励对象获授股权数量的确定，主要受 7 个因素影响，详见图 6–5。

一般情况下，企业规模较小时，以股份比例计算，通常会给予高管 5% ~ 8% 或更高比例的股权激励额度；而企业发展到一定规模之后，就不再以股份比例的形式进行激励，因为涉及的对象多，股份比例偏小，此时可按股数来分配，也就是将

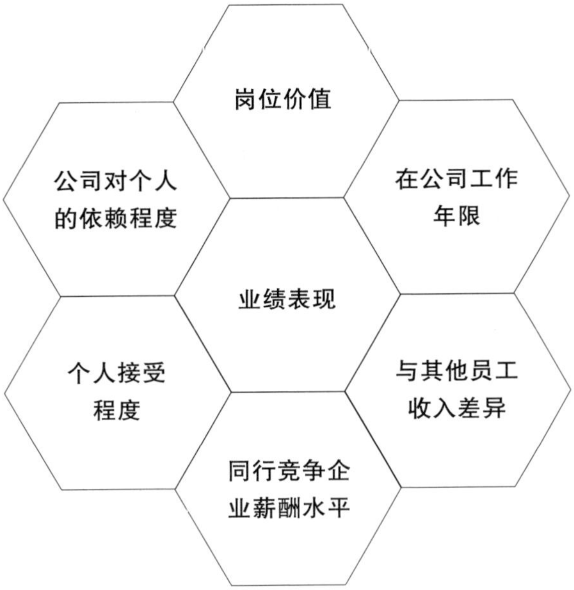

图 6-5　影响股权激励个量确定的7个因素

企业的股本用一个直观的数字表示，例如 2000 万股、6000 万股等。确定股权激励的个量具体有 3 种方法，如表 6-6 所示。

表 6-6　股权激励个量确定的 3 种方法

方法	案例
基于系统的薪酬调研，即某一职位授予股权数量的市场平均水平以及公司内部职位的重要性和价值差异等，都可以作为授予数量的参考	×× 公司处于高速发展阶段，为了留住并激励人力资源总监，公司决定对其进行股权激励。通过市场和同行业调查发现，该职位一般获授的股权数量为 30 万 ~ 50 万股。鉴于公司急需这位高管人才来完善公司治理结构，公司决定授予其 50 万股股权，以使其尽心竭力工作

（续表）

方法	案例
预先设定给予激励对象的股权奖励经兑现后的总金额，然后根据股权价值模型，推算出授予数量	××公司在股权赠予日，确定高管李总股权奖励兑现后的总金额为100万元；然后，公司根据股权价值模型，估算行权时的股价为10元/股，则公司授予李总的股权数量为10万股；如果股价为20元/股，则授予数量为5万股
通过相关评价模型，主要是价值评估模型和贡献评价模型，就每位激励对象对企业的价值与贡献进行评分，并按照得分占总分的比例进行股权分配	××公司是一家稳健发展的家具企业，为了更好地调动核心经营者的工作积极性，公司老板决定进行股权激励，获授者获得的股权额度以个人价值评估得分与个人贡献价值评估得分之和为依据，然后按照相应比例进行授予

※ 定时：把握股权激励时间

股权激励方案对时间的确定要考虑两个方面：一是选择合适的股权授予时机，二是合理地安排授予时间表。

1. 授予时机的选择

选择什么时候将股权授予被激励对象才能达到理想的效果？从个人角度考虑，股权可以在以下时机授予：受聘、升职、每年一次的业绩评定之后、每年新的业绩指标下达之时以及取得重大技术成果之时。

实践表明，在经理人受聘、升职或下达目标时，授予股权的情况最多，而每年一次的业绩评定后或每年新的业绩指标下达之时授予股权的情况较少，这也是股权激励是基于未来创造的集中表现。

从公司的角度考虑，究竟什么时候授予股权比较合适，我们通过表 6–7 进行分析。

表 6–7　股权激励的授予时机

第一个问题	上市前	上市前进行股权激励在设计和实施上比较难，但是激励效果好
	上市后	上市后进行股权激励，实施方便，套现方便
第二个问题	连续定期授予	如果是上市公司并选择的是股票期权这种严格与公司股票价格挂钩的激励模式，可以采用连续定期授予的方式
	一次性授予	如果是非上市公司或者不是采用与股票价格严格挂钩的激励模式，可以采用一次性授予、分次行权的方式

在企业出现重大变化时，股权激励计划需要尽快推出，如图 6–6 所示。

2. 授予时间表的安排

股权激励计划必须要列明经理人获得股权的时间。一般情

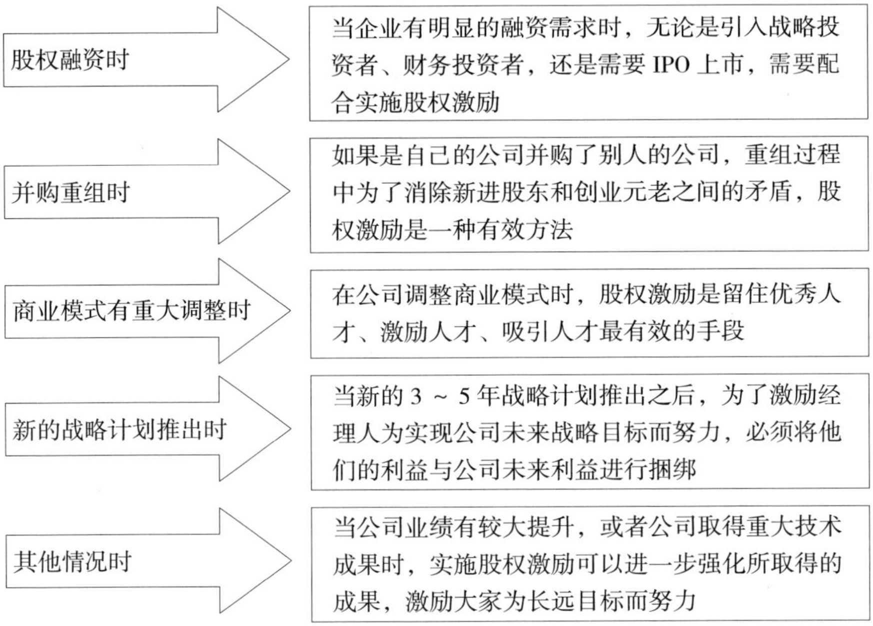

图 6-6　股权激励计划推出的关键时刻

况下，股权激励不能在授予后马上行权，需要在等待期结束后才能行权，如图 6–7 所示。

图 6-7　股权激励的时间表

①授权日

授权日是公司向激励对象授予股权的日期。对上市公司来说，授权日必须是交易日；对非上市公司来说，授权日没有法律限制，公司可以根据自己的实际情况而定。

在我国，下列时间不得作为授权日：定期报告公布前30日；重大交易或重大事项决定过程中至该事项公布后2个交易日；其他可能影响股价的重大事件发生之日至公告后2个交易日。

②可行权日

可行权日指的是激励对象可以开始行权的日期，对于上市公司来说，必须是交易日。

③失效日

失效日指的是过了这一天，如果激励对象还没有行权，那么股权激励计划就作废，不能再行权了。

④有效期

股权激励的有效期也叫股权激励的执行期限，是指从授予日起到股权激励的失效日止的整个时间跨度。在授予股权时，股权激励合同中必须明确计划的有效期限。股权激励必须在这个期限内执行，超过这个期限，股权激励计划就作废。

从股东的角度考虑，有效期越长越好，因为股权激励的价值与有效期呈正相关关系，有效期越长，股权激励的时间价值就越长。但是从经理人的角度来看，有效期越长，则未来不可预测性越大，未来收益贴现到当期的价值就越小，因此对经理人的激励作用也就越小。所以确定有效期和期权期限必须在股东和经理人之间寻求一个平衡点。

从实践来看，经理人在 35 ~ 45 岁时，经验、能力、人脉、资源等各方面都处于巅峰时期，容易从企业出走自立门户，或进入竞争对手企业。因此，企业只要能在这个年龄段通过股权激励把经理人锁定，待其 45 岁之后，很可能你赶他走他也不会走了，因为他的失败成本会越来越大。

在我国，如果要捆绑经理人 10 年，建议分两次进行股权激励，一次股权激励的有效期为 5 年。

⑤等待期

从股权激励授权日到可行权日这段时间为等待期。股权激励计划在实施之后，激励对象并不能马上行权，而是必须等到可行权日，进而在有效期内选择是否行权。

设置一个等待期，主要是为了对授予对象进行长期捆绑，防止其获取投机性的利润。如果激励对象离开公司，所有尚处于等待期的股权激励通常将作废。这样就加大了被激励对象的失败成本，有利于留住人才，激励其工作。股权激励等待期有4种方式，详见表6-8。

表6-8 股权激励等待期的4种方式

等待方式	具体内容
一次性等待期	如果股权激励计划是一次性授予、一次性行权，那么等待期就是一次性，即经理人在约定的时间内达到所约定的业绩目标，就可以一次性将获授的股权行权。这种等待期的股权激励效果比较显著，用于特别希望在既定时间内改善业绩的公司
业绩等待期	激励对象只有在有效期内完成了特定的业绩目标，才可以行权。与一次性等待期不一样的是时间不是固定的，而是看业绩完成情况而定。这种等待期一般在公司发展遇到困难时使用
直线型等待期	如果公司的股权激励采用的是“一次授予、分次匀速行权”的方式，那么等待期就是直线型等待期。例如一次性授予经理人60万股的限制性股票，有效期为5年，第3年可行权20万股，第4年可行权20万股，第5年可行权20万股
阶梯型等待期	在上述案例中，其他条件不变，但是采用加速或减速行权的方式，也就是在第3、第4、第5年分别按照10万股、15万股、35万股或35万股、15万股、10万股股份的方式行权，这种等待期便是阶梯型等待期

⑥行权期

等待期结束后就进入行权期。行权日到失效日之间都是行权期，激励对象可以根据公司价值的变化以及股价的波动选择一个对自己有利的时机行权，但必须在失效日之前完成行权。

※ 定规：约束激励对象不良行为

非上市公司实施股权激励计划并没有法定的授予条件，所以公司可以灵活地决定是否设置股权激励计划的授予条件。相比于上市公司，非上市公司行权条件的规定更加灵活，但基本内容是一致的。在股权激励计划需要分年度分批行权的情况下，每一批可行权的股权激励标的均设计等待期、行权期、行权条件，详细内容如表 6–9 所示。

表 6–9　股权激励的授予和行权规定

	上市公司	非上市公司
授予的规定	公司主体资格必须符合要求、激励对象的资格必须符合要求（最近 3 年未被交易所公开谴责或宣布为不适当人选；最近 3 年内没有违法违规行为被证监会予以行政处罚；应为《中华人民共和国公司法》规定的可以担任公司董事、监事及高级管理人员）	业绩指标达到相应标准、达到公司内部相关规定的要求，激励对象拥有购买股份所需的资金

（续表）

	上市公司	非上市公司
行权的规定	在行权的上一年度，根据《上市公司股权激励管理办法》规定，设定适用于本公司的绩效考核指标，考核指标包括财务指标和非财务指标	在行权的上一年度，根据《上市公司股权激励管理办法》规定，设定适用于本公司的绩效考核指标。一般来说，可以选用以下三类指标：①反映股东回报和公司价值创造的综合性指标；②反映公司盈利能力及市场价值的成长性指标；③反映公司收益质量的指标
不符合行权规定	若激励对象或公司业绩未能满足行权条件，则当期的股权激励标的不得行权，该部分的股权激励标的由公司注销或者按照原来授予的价格予以回购； 若激励对象符合行权条件，同时公司业绩也达到行权条件，但激励对象未在行权期内全部行权的，则未行权部分的股权激励标的应由公司予以注销或者按照原授予的价格予以回购	

股权激励授予条件和规定

深圳××科技公司股权激励计划中明确指出，只有在同时满足授予条件时，激励对象才能获授股权，若未能同时满足授予条件，则激励计划自然终止。该公司股权授予条件如下：

公司未发生如下任一情形：

最近一个会计年度财务会计报告被注册会计师出具否定意见或者无法表示意见的审计报告；

最近一年内因重大违法违规行为被中国证监会予以行政处罚；

中国证监会认定的不能实行股权激励计划的其他情形。

激励对象未发生下列任一情形：

最近三年内被交易所公开谴责或宣布为不适当人选的；

最近三年内因重大违法违规行为被中国证监会予以行政处罚的；

具有《中华人民共和国公司法》规定的不得担任公司董事、监事、高级管理人员情形的；

公司董事会认定其他严重违反公司有关规定的。

※ 定价格：明确公司股票的价格

价格和数量是直接决定股权激励力度的两大关键要素，在定价格的同时，也需要考虑数量。行权价格是构成股权激励的一个重要条件，是指公司与激励对象约定的、用以购买公司股份的价格。由于上市公司与非上市公司的规模和特点不尽相同，因此它们的行权价格的确定方法也不同。

1. 行权价的确定方法

在我国一些非上市公司实施股票期权计划、股票奖励计划或股票持有计划时，行权价与出售价的确定一般采用每股净资产值作为主要甚至是唯一的依据。这种方法虽然简单易行，但是在客观性、准确性与公正性上存在一些问题。对于非上市公司行权价的确定，我们推荐资产价值评估定价法、净现金流量折现法、市盈率定价法（模拟股票上市定价法）及市场评估定价法等 4 种方法，如图 6-8 所示。

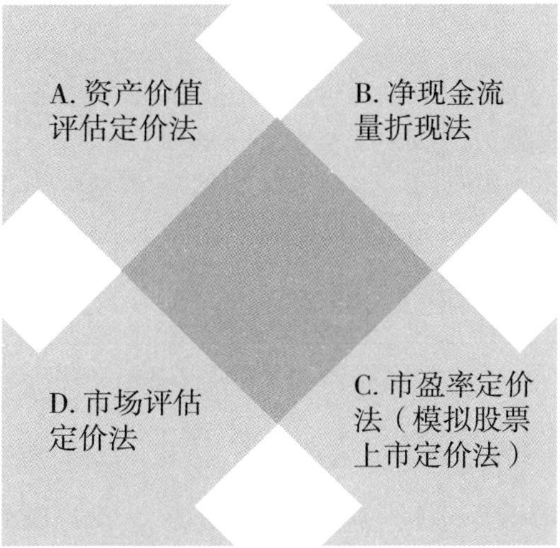

图 6-8　非上市公司股权激励行权价的确定方法

①资产价值评估定价法

首先，需要对公司的每项资产进行评估，得出各项资产的公允市场价值，将各类资产的价值加总，得出公司的总资产价值，再减去各类负债的公允市场价值总和，就得到公司股权的公允市场价值。其次，设定公司的总股本，再用公允市场价格除以公司总股本，就得到股权激励授予时的价格。我们可以将资产价值评估定价法再细分出 3 种定价方法，如表 6–10 所示。以下 3 种方法中，最常用的是净资产定价法，因为该方法直接、简单、容易理解。

表 6–10　资产价值评估定价的 3 种方法

净资产定价法	综合定价法	有形 + 无形资产定价法
计算出公司的净资产，设定公司的总股本，用净资产除以总股本就得到公司的股份价值。如公司净资产为 1 亿元，设定总股本为 1000 万股，那么公司的股份价值为 10 元 / 股	首先综合考虑销售收入、净利润与净资产定价，分别对它们赋予不同的权重，计算出公司的总价值。接着设定公司的总股本，用总资产除以总股本就得到公司的股份价值	在确定公司总价值时，考虑有形资产与无形资产两个因素，分别对它们赋予不同的权重，由此计算出公司的总价值，设定公司总股本，用总资产除以总股本就得到公司的股份价值

②净现金流量折现法

净现金流量折现法是资本投资和资本预算的基本模型，被看作企业价值评估定价在理论上最有成效的模型。通过预测公司整个寿命周期内的现金流量，以货币的时间价值作为贴现率，据此计算公司净现值，并按照一定的折扣率折算，以此来确定公司的股份价格。

使用这种方法需要注意两点：第一，要科学合理预测企业未来存续期各年度的现金流量；第二，要找到一个对各方都合理的公允折现率，折现率的大小取决于取得的未来现金流量的风险，风险越大，要求的折现率越高。

这种方法是一种比较合理的方法，但确定的过程比较麻烦。

现金流的预估和折现率的选取需要专业的财务知识和对行业前景的准确预判。具有上市计划的公司可以采用该方法。

③市盈率定价法（模拟股票上市定价法）

市盈率是衡量股票投资价值的重要指标之一。市盈率，也称“本益比”“股价收益比率”或“市价盈利比率”（简称市盈率）。市盈率就是股票价格除以每股收益的比率。

公司的价值取决于它的盈利能力，而市盈率指标在一定程度上反映了其股票价格和盈利能力的关系。对于盈利高且保持快速成长的上市公司，市场价格所反映的每股市盈率水平也越高；反之，盈利越差，市盈率水平越低。

因此，我们可以将市盈率作为股票定价的一种依据。公司市盈率可参考同类上市公司的市盈率，选一个比同行业上市公司市盈率略低的数值，以确定公司价值和股权激励的行权价格。

顾名思义，市盈率定价法（模拟股票上市定价法）是模拟上市公司的定价方法，公式如下：

股票价格 = 每股收益 × 市盈率

直接用上述公式来确定非上市公司股份价格时，分解公式如下：

每股收益 = 净利润 / 总股数

市盈率 = 普通股每股的市场价格 / 普通股每股的盈利

计算每股收益时，当年的净利润可以根据公司上一年度的损益表及本年度发生损益的情况进行预测。公司的总股本可以看作是公开发行股票前的总股数。

④市场评估定价法

市场评估定价法实际上是相对业绩评价在股份定价过程中的应用，主要是在定价过程中，一定要找几家同行业具有可比性的上市公司进行比较，从而算出本公司的股份价格。相对其他几种方法，这种方法更加客观、准确。具体做法有两种，如表6-11所示。

表6-11 市场评估定价法

第一种做法	第二种做法
首先确定几家规模、发展阶段大致差不多的上市公司作为参考公司；其次根据这些参考公司的净利润、净资产或现金流量等股价指标，算出这几家参考公司相关指标的价值比例；再次算出它们的平均比率，再根据本公司的相同股价指标推断出公司的价值；最后设置总股本，用总价值除以总股本就得到公司的股份价格	组合定价法，一般是指将资产价值评估定价法、净现金流量折现定价法和市场评估定价法组合起来确定股权激励的股价，这种组合方法可能更加符合企业的实际情况

用组合定价法确定公司股价

山东一家非上市公司在设计虚拟股份激励方案时，采用了组合定价法：第一年的虚拟股份价格是按净资产定价的，而每年的股价变化公式约定的是市场评估定价法。其具体方案为：

第一年的虚拟股份价格按净资产定价，即 1 元 / 股。

公司虚拟股份价格的定价方式为：重点考虑销售收入增长率、净利润增长率和净资产收益率的变化，三个指标所占的比重分别为 10%、50% 和 40%。另外，还要考虑同行业目标公司相同指标的变化。

按照这种方式，假定第二年公司的销售收入增长了 30%，利润增加了 20%，净资产收益增加了 10%，那么公司的虚拟股价也将会增加，即 30%×10%+20%×50%+10%×40%=17%。

以上初步计算出公司的虚拟股价上升 17%，但是这不是最终结果，还要用同行业的数据对这个结果进行修正。

受市场影响的股价变化公式设定为：

受市场影响的股价变化 =a× 公司销售额增长率 ×10%+b× 公司净利润增长率 ×50%+c× 公司净资产收益率 ×40%

其中：

a= 同行业销售额增长率调整系数 =（同行业销售额增长率 − 公司销售额增长率）÷ 公司销售额增长率

b= 同行业净利润增长率调整系数 =（同行业净利润增长率 − 公司净利润增长率）÷ 公司净利润增长率

c= 同行业净资产收益率调整系数 =(同行业净资产收益率 − 公司净资产收益率）÷ 公司净资产收益率

如果当年同行业公司的销售额增加了 40%，利润平均增加了 30%，净资产收益率平均增加了 15%，那么公司受市场影响的股价变化为：

1/3×30%×10%+1/2×20%×50%+1/2×10%×40%=8%

将公司的股价变化减去受市场影响的股价变化，即 17% 中减去 8%，就得到最终的股价增值为 9%，那么第二年的股价就是 1.09 元 / 股。

2. 股权激励对象的估值

企业的估值和行权价格确定后，再对被激励对象进行估值就容易很多。给不同岗位的人进行合理的估值，最好的办法就是在企业总估值的基础上参照企业本身的薪酬体系、考核分数，为不同的人制定不同的估值标准。

一般来说，实施股权激励时，可以将激励对象分为 3 个主要层面，如图 6–9 所示。

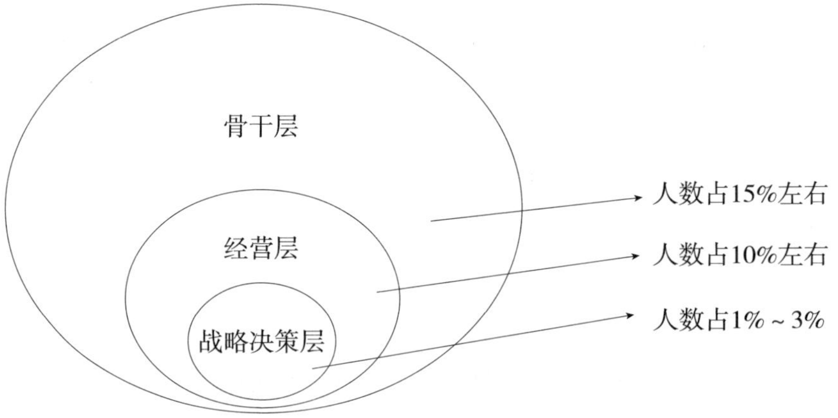

图 6–9 股权激励对象的 3 个层面

无论是对人激励还是对岗位激励，固化激励额度的做法往往都不妥当。为此，我们需要引入股权激励的考核机制，并且将考核分为公司绩效、部门绩效、个人绩效 3 个层面。对于层面较高的员工，强化对公司绩效的考核；对于层面较低的员工，强化对个人绩效的考核。根据考核成绩从高到低划分若干等级，按考核等级确定最终激励额度。

※ 定变：应对未来的变化

公司在不断发展的过程中，需要对股权激励措施进行不断调整、转变。以下我们从股权激励的标的数量、行权价格、工具的转变 3 个方面进行分析，以应对未来的变化。

1. 股权激励标的数量的调整

根据公司的实际情况，有不同的计算公式，详细调整方法与计算公式如表 6–12 所示。

2. 股权激励标的行权价格的调整

为维持激励对象的预期利益和保证股权激励计划的公平性，在股权激励计划有效期内发生资本公积金转增股本、派息等事宜时，对行权价格要相应地进行调整。详细调整方法及计算公式如表 6–13 所示。

表 6–12 股权激励标的数量的调整方法

方法	计算公式
公司进行资本公积金转增股本、派送股票红利、股票拆细	调整后的股权激励标的数量 = 调整前的股权激励标的数量 ×（1+ 每股的资本公积金转增股本、派送股票红利、股票拆细的比率）
公司进行缩股	调整后的股权激励标的数量 = 调整前的股权激励标的数量 × 缩股比例（原 1 股公司股票缩为多少股公司股票）
公司进行配股	调整后的股权激励标的数量 = 调整前的股权激励标的数量 × 配股股权登记日当日收盘价 ×（1+ 配股比例）÷（配股股权登记日当日收盘价 + 配股价格 × 配股比例）

表 6–13 股权激励标的行权价格的调整方法

方法	计算公式
公司进行资本公积金转增股本、派送股票红利、股票拆细	调整后的股权激励标的行权价格 = 调整前的行权价格 ÷（1+ 每股的资本公积金转增股本、派送股票红利、股票拆细的比率）
公司进行缩股	调整后的股权激励标的行权价格 = 调整前的行权价格 ÷ 缩股比例
公司进行配股	调整后的股权激励标的行权价格 = 调整前的行权价格 ×（股权登记日当天收盘价 + 配股价格 × 配股比例）÷ [（股权登记日当天收盘价 ×（1+ 配股比例）]
公司进行派息	调整后的股权激励标的行权价格 = 调整前的行权价格 – 每股的派息额

3. 股权激励工具的转变

股权激励方案并不是一成不变的，企业在发展过程中及员工在成长过程中，都涉及股权工具的转变。

联想的动态股权激励方案

联想的前身是中科院计算所，由于产权属于国有，股权激励方案一直未能实施。1993 年，联想发展遇到瓶颈，第一次未能完成既定目标，产品库存积压严重。联想的创业元老由于知识和精力有限，到了该退下来的时候，一些年轻有为的同志却没有被提拔。

在这样的契机下，柳传志向中科院的领导提出了在联想实施股权激励的想法。在领导的支持下，联想实施了干股分红激励方案。在每年可分配的利润中，中科院占 20%，计算所占 45%，联想集团管理层和员工占 35%。

为了将分红权变成真正的股份，柳传志又等了 6 年。

1997 年，柳传志将北京联想的资产转入上市公司香港联想公司。1998 年，联想更名为联想控股，并成为香港联想（今天联想集团）的最大股东。同时，关于联想员工的分红权转变为股权的计划也开始实施。

1999 年，联想的认购权计划中最有特色的就是对“金手铐”“金台阶”和“金色降落伞”的诠释，即管理层和员工拥有的 35% 的分红权中，其 20% 用于激励核心人员，约 160 人；

35%用于激励老员工，共计15人；45%用来激励未来的骨干员工。

联想的股权激励方案，既包含着均衡原则，又有制约因素。从微观角度来看，充分考虑到了老中青三代人的贡献和价值回报，兼顾了企业的过去、现在和未来。

※ 定源：掌控股份和资金来源

1. 股份来源

对于非上市公司，股份来源没有上市公司的诸多限制，操作起来比较简单，只要原有股东同意，符合《中华人民共和国公司法》的要求即可。非上市公司实施股权激励的股份来源，如表6-14所示。

表6-14 非上市公司股权激励的4大来源

股份来源	具体内容
原有股东转让	如果股东单一，就是大股东直接转让；如果是多个股东，则多个股东等比例转让
公司在募集资本时预留	公司在成立之初，有多个股东，但若从一开始就考虑到未来要实施股权激励，可以预留一部分股份，预留股份由大股东或董事会指定一个股东先行代持

（续表）

股份来源	具体内容
增资扩股时按比例预留	预留股份由大股东或董事会指定一个股东先行代持
转增股本时按比例预留	预留股份由大股东或董事会指定一个股东先行代持

2. 购股资金来源

购股资金来源，即被激励者购买股份的资金来源。如果企业实行的是虚拟股权激励，那么一般不需要激励对象购股，而由企业直接赠予。如果是注册股，一般情况下，激励对象需要投入相应资金进行购买。如何解决激励对象购股资金的来源问题，是公司创始股东需要思考的问题。通常情况下，有以下6种方式。

①激励对象自筹资金

职业经理人要成为公司的股东，必须要有自筹资金的部分。只有自己出钱了，他们才会更加关注企业发展。股权激励要体现风险与收益并存、激励与约束对等，这样，经理人才会将自己定位为公司老板，自动自发地关心企业发展。

②向大股东或公司借款或贷款

这种方式适用于非上市公司，不能用于上市公司，因为证监会不允许上市公司向激励对象贷款或借款，但是非上市公司不受此限制。如果是借款方式，利率按照银行的当期存款利率计算；如果是贷款方式，利率按照同时期银行的贷款利率计算。

③将年终奖的一部分作为行权资金

将年终奖转化为购股所需要的资金是非上市公司经常采用的方式。这种方式一定要事先与激励对象沟通，否则，激励对象会认为老板侵吞了自己的钱，这样就适得其反了。

④干股分红转行权资金

企业对核心高管进行股权激励，一般会采取组合拳的形式，如干股 + 实股 + 股份期权的模式。干股不需要花钱购买。在年底会产生一定的分红收益，如果将这部分的分红收益转化为购买股份的资金，那么既可以解决激励对象购股资金的来源问题，又可以有效缓解公司因发放红利而造成的资金压力。

⑤改变行权方式

在股权激励方案设计中，可以将现金行权改为无现金行权或部分现金行权的方式。

⑥通过信托方式垫资

通过引入信托机构解决激励对象购股资金的来源问题。

※ 定机制：为股权激励保驾护航

股权激励计划的设计、实施是一个系统性工程，在设计好以上要素后，还应制定一系列相应的管控机制，包括激励对象的考核机制、薪酬机制、调整机制等，以确保股权激励能够顺利、有效的实施。

1. 考核机制

对激励对象的业绩进行考核，是股权激励计划实施过程中的一个重要环节。虽然在股权激励计划书和授予协议中都明确规定了激励对象需要完成的任务或业绩指标，但关键还需要形成一套科学、完善的考核制度，严格按照计划书和协议书中的考核内容和考核指标定期考核。

企业考核激励对象，除了需要考核企业业绩指标外（如表 6–15 所示），还需要考核个人业绩指标（如表 6–16 所示），建立立体的评价标准。对激励对象进行考核，可以采用评估报告法、评级量表法、目标管理法、360 度绩效考核法、平衡计分卡等。关于绩效考核的内容，这里不做详细阐述。

表 6-15 企业业绩考核指标体系

一级指标	二级指标	三级指标
财务绩效	盈利	净利润 / 每股收益
		投资报酬率
		净资产收益率
		市盈率
	资本运营	经济增加值
		资产保值、增值率
		流动资产周转率
		应收账款周转率
		净现金流量
	偿债能力	资产负债率
		流动比率
		速动比率
非财务绩效	市场与顾客	市场占有率
		销售增长率
		顾客满意度
	员工	员工满意度
		员工培训
		员工收入增长水平
非财务指标	质量	优等品率
		废品率
	技术创新	企业技术领先地位
		研发经费投入比重
		技改投入率

表 6-16 个人业绩考核指标体系

一级指标	二级指标	三级指标
个人能力	概念技能	理解能力
		判断能力
		分析能力
		决策能力
		创新能力
	人际技能	表达能力
		谈判能力
		关系处理能力
	业务技能	计划能力
		组织能力
		指挥能力
		协调能力
个人素质	知识素质	
	身体素质	
	工作素质	事业心
		责任心
		奉献精神
		职业道德

2. 薪酬机制

实施股权激励不仅要考虑企业发展和行业特点，还要考虑激励对象的中长期薪酬比例。一般情况下，高层管理者通过股权激励而获得的薪酬可以占个人总薪酬的 60%，中基层管理者可以占 40%，基层人员可以占 20%，如图 6–10 所示。这样，一方面可以调动相关人员的积极性，另一方面可以很好地控制因高额薪酬支出带来的压力。当然，具体设计多少比例，企业可根据自身情况灵活调整。

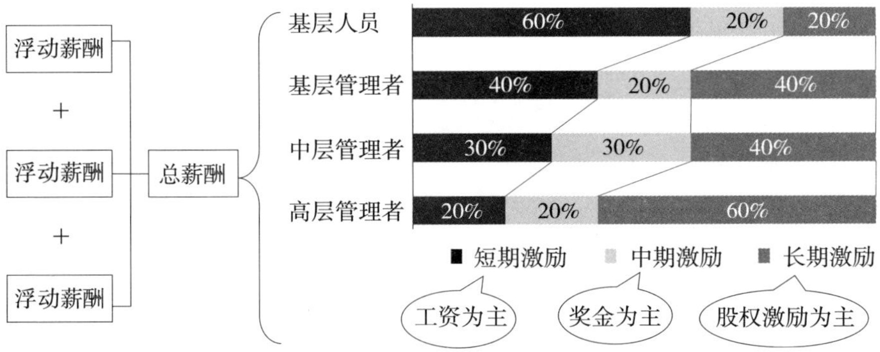

图 6–10　股权激励对象薪酬结构

从更加长远的角度来看，越来越多的企业开始重视企业的长期薪酬激励作用，股权激励在薪酬结构中的比重会越来越高，如图 6–11 所示。

3. 调整机制

股权激励计划方案并非从设计到实施一成不变。在实践中，因为实行股权激励计划的企业需要进一步融资或配股分红等，

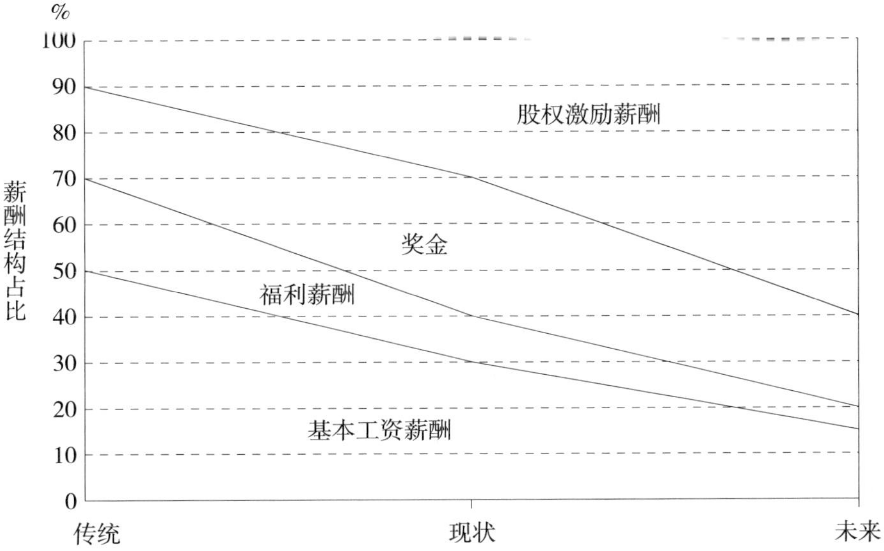

图 6-11 薪酬结构发展变化

所以股权激励计划中约定授予激励对象的股权激励标的的数量也应进行相应的修改，以保持实质上的公平。

在实施股权激励计划过程中，如果出现激励对象辞职、被企业开除或调离岗位等特殊情形，则其股权激励的资格及获受的数量均应相应改变。对于这些情况，股权激励计划应当予以事先规定，以免因上述特殊情形而产生纠纷。

股权激励的调整主要包括以下 3 种情况。

①正常股份变动调整

企业因标的股票除权、除息或其他原因需要调整行权价格或股份数量的，可以按照激励计划规定的原则和方式进行调整。除此之外，公司需要调整行权价格或股权数量的，应当由董事会做出决议并经股东大会审议批准，或者由股东大会授权董事会决定。正常股份变动调整方法如表 6–17 所示。

表 6–17 正常股份变动调整方法

变动原因	调整方法
送股和转增股本	公司将按同样比例调整股权的尚未授予部分，即已授予但尚未行权的股权数量，并将行权价格相应除权
	调整公式如下： 调整后股权数量 = 调整前股权数量 ×（1+ 每股送股或转增股比例） 调整后的行权价格 = 调整前的行权价格 /（1+ 每股送股或转增股比例）
配股	公司将按同样比例调整股权的尚未授予部分，即已授予但尚未行权的股权数量，并将行权价格相应除权。调整后的股权数量和行权价格等同于股权持有人在行权时再支付配股款所得的股权数量和行权价格
	调整公式如下： 调整后的行权数量 = 调整前股权数量 ×（1+ 每股配股比例） 调整后的行权价格 =（调整前的行权价格 + 配股价格 × 每股配股比例）/（1+ 每股配股比例）
增发新股	如有针对原有流通股东定向配售或对增发部分进行除权处理的情形，按配股方式处理；如无上述情况，不做调整
派发现金股息	股权持有人无权享有现金股息，其行权价格将因此进行调整
	调整公式如下： 调整后行权价格 = 调整前行权价格 – 每股税后现金股息
换股	因公司合并而使本公司股票换为一种新股票时，公司将对未行权的股权数量和行权价进行调整、同时股权额度也将相应调整

（续表）

变动原因	调整方法
换股	调整公式如下： 调整后的股权数量 = 调整前的股权数量 × M 调整后的行权价格 = 调整前的行权价格 / M 其中 M 为换股比例，表示每一股本公司股票换为新股票的比例； 另外，公司因为撤销、合并、减资涉及股权行权价格、数量的调整，应注明调整公式

②公司重大事件调整

公司在经营过程中，可能会出现并购、重组、出售等重大事件，具体的调整方法如表 6-18 所示。

表 6-18 公司发生重大事件的股权调整方法

重大事件	调整方法
并购	公司遭遇并购，股权授予的时间是否加速，由公司自行决定
控制权变化	公司根据自身的发展特点或需求做出选择，一般情况下，控制权变化前，未行权部分立即行权，变化后，未行权部分立即失效
资本变动	激励计划涉及的股份数目或面额均需做出相应调整，这个调整需要坚持公平、合理的原则，确保获授人在全面行使股权时，所应付的总行权价不得高于修订前的价格
公司清盘	如果股东在股权仍可供行使期间提出将公司自动清盘的有效决议案，在所有适用法律条文规定下，股权获授人可于该协议案通过日前任何时间以书面形式通知公司行使其权利或按该通知书上指定的限额（以尚未行权的为上限）行权，获授人因此与该决议案通过日前已发行股份的持有人享有同等收益，获授人也有权分享清盘时分派公司的资产

但是如果调整事件符合以下规定，则不构成重大事件：

• 公司与母公司之间或子公司之间发生吸收合并、创立合并或重组行为；

• 公司与母公司之间或子公司之间发生资产售卖、租赁或交换；

• 吸收合并、创立合并或资产重组之前的公司投票权，在吸收合并、创立合并或资产重组之后仍然发挥效力，即仍然在外流通，或转换为新公司的股票在外流通，并且此类投票权占兼并后实体投票权的一定比例或一定比例以上。

③人员退出的调整

股权激励获授人离开公司，一般有三种情况：一是辞职，二是辞退，三是生病或死亡等意外事件。

如果获授人获得的是虚拟股份或在职分红股，那么离开就意味着股份自动作废。

如果获授人持有的是实股，但是在等待期内离开，那么授予的股份也会作废。

如果过了等待期，且符合以上情况的激励对象的业绩也达标了，那么已经到了解锁期的股份是可以兑现的，而没有到解锁期的股份是无效的。

其中，针对已经解锁的部分，如果激励对象是主动离职，通常公司可以给予原值（原购买股份的价格）。如果公司认为该员工是公司重大技术秘密的知情人，或是商业信息的知情人，那么可以考虑按照增值（股份升值后的价格）给予对方，但是增值款项需要分几年给予，形成约束机制。一般分三年给，因为三年之后，很多技术已经有所改进，原有的机密也不再是机密了。

如果激励对象是被辞退的，若当事人业绩达标，可以按照增值给予对方。

如果激励对象生病或死亡是因公造成的，也可以按照增值给予当事人或其继承人，但不保留股份；如果是因私造成的，则按照原值给当事人或其继承人，同样不保留股份。

三藏指引

股权激励10大模型是所有类型企业都通用的模型，任何企业在实施股权激励前，都必须明确这10大模型。股权激励实施的过程中，企业要结合自身实际情况进行调整、完善。学会10大模型，以不变应万变。

第7章
实操：巧用方法彰显威力

■发展型企业实施股权激励，通常会使用哪种方法？

■对核心高管如何进行股权激励？

■对业务团队和非业务团队如何进行股权激励？

■因股权而带来的收益如何发放？

■为什么多数连锁企业无法有效地把三家店成功地变成三十家店、三百家店？

股权激励的激励性与约束性并存，激励的目的是实现自我超越，从而实现相关目标；约束在于规范行为，避免“越界”。那么如何使两者达到平衡？企业决策者要设计出一套适合本企业的股权激励方法，既能保持持续的激励效果，又能有效约束经理人的不良行为。

渐进式激励法、延迟分红激励法、5 步连贯激励法、西学中用激励法“金色降落伞”等，都是适应国内企业的股权激励方法。此外，我们还可以在此基础上进行升华，以生发出适合本企业需求的股权激励操作方法。

※ 渐进式激励法：持续激励核心高管

如何激励不同企业、不同规模的核心高管，并没有一定的规则。掌握核心高管的需求是有效进行股权激励的关键。对核心高管的激励可以采取个性化的解决方案。针对非上市公司的核心高管进行股权激励，一般采用“135 渐进式”激励法，即 1 年在职虚拟股权激励，3 年滚动考核转注册股，3 年之后进入 5 年锁定期，逐步释放股权并解锁，一共 8 年，如图 7-1 所示。

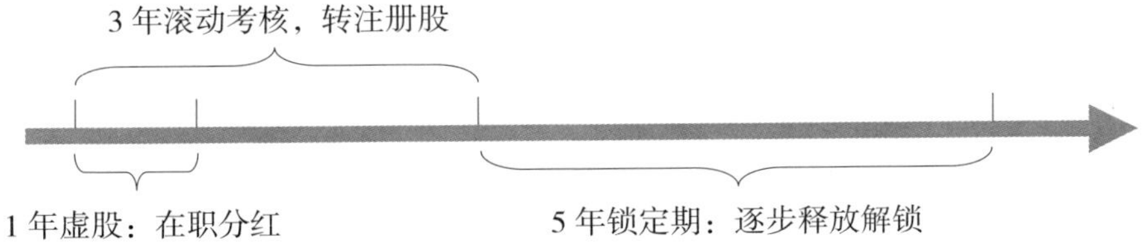

图 7-1 “135 渐进式”激励法

进入锁定期，企业可以采取匀速释放解锁的方法，如今年发放股份的34%，明年发放股份的33%，后年发放股份的33%，3年释放完毕；也可以采取加速释放解锁的方法，如今年释放20%，明年释放30%，后年释放50%；还可以采取减速释放解锁的方法，如今年释放50%，明年释放30%，后年释放20%。企业可根据自身情况，灵活选用。

Y公司的“135渐进式”股权激励法

Y公司是一家年产值过亿元的服务性企业，为了将公司做大做强，公司负责人打算从外部知名企业引入几名高级管理人才运营企业。

Y公司对新来的CEO、总经理进行股权激励，采取了“135渐进式”激励法，即1年内进行虚拟股权在职分红，3年之内以业绩进行考核逐步转为注册股，3年后所得股权进入行权期，相关股权逐步解锁，每年解锁范围占所得股份的20%，5年全部解锁，但前提条件是要达到公司规定的相关要求，具体要求参考公司股权激励管理条例、岗位职责评定表及绩效考核评定表。表7-1为Y公司CEO的“135渐进式”股权激励考核表，供读者参考。

表 7-1　Y 公司 CEO 的“135 渐进式”股权激励考核表

考核项目	考核标准	虚拟股	注册股	……
入职时间	入职满一年以上	第一年	第二年	……
应激励额度	董事会根据岗位价值评估与可分配股份资源及其岗位系数和工龄系数确定			
考核日期		2020.1.15	2021.1.15	
思想意识	考核标准： 要求价值观与公司保持一致 一票否决制			
绩效指标	考核内容： （1）公司指标： 财务指标权重 50% 客户指标权重 20% 营运指标权重 10% 员工指标权重 20% （2）评分标准： 公司指标完成率≥ 85%，系数为 1 70% ≤公司指标完成率＜ 85%，系数为 0.7 公司指标完成率＜ 70%，系数为 0			
行为规范	评分标准： 违纪次数不超过规定次数 一票否决制			
人才培养	评分标准： 三年内培养的接班人不低于 2 名 上下浮动制			

（续表）

考核项目	考核标准	虚拟股	注册股	……
道德表率	评分标准： 全员支持率不得低于 85% 一票否决制			
学习成长	评分标准： 学习投资≥收入的 5%，系数为 1 学习投资每降低 1%，成长项系数降低 0.05 成长项系数最低为 0.80			
阶段考核结果	实际激励额度 = 应激励额度系数 × 思想意识系数 × 绩效指标系数 × 行为规范系数 × 人才培养系数 × 道德表率系数 × 学习成长系数			
最终考核结果				
一票否决制项目，1 表示合格，0 表示不合格				

Y 公司对核心高管进行的股权激励采用的是一种中长期相结合的方式，能很好地留住优秀人才并充分发挥其作用，避免短期行为对公司造成不良影响。表 7–1 仅供参考，各企业可以根据自己的需求增加或删减考核项目。

三藏指引

对于广大的中小企业来说，如果将股权激励的时间设置过长，往往会失去激励的效果。企业在采用“135渐进式”股权激励方法时，可以借用这种思想，但不可一味借用这种形式。当企业比较小，或者股权价值没有那么高时，股权激励可以压缩时间长度，如采用“123渐进式”股权激励方法，即1年在职股分红，2年滚动考核转注册股，3年逐步释放解锁。

※ 延迟分红激励法：让激励更具长期性

对于股份持有者的红利发放，我们可以实行“532延迟支付”方式，即第一年发放红利的50%，第二年发放30%，第三年发放余下的20%，每一年产生的股权红利发放都按照这种方式进行。如在某年产生了100万元的红利，那么年底的时候只发放50万元，第二年发放30万元，第三年发放20万元。如果在第二年又有100万元的红利需要发放，那么第二年年底需发放80万元的红利，如表7-2所示。也可以采用“55延迟支付”或“433延迟支付”方式，即第一年发放红利的50%，第二年发放50%；或第一年发放红利的40%，第二年发放30%，第三年发放余下的30%。

表 7-2 “532 延迟支付”个人分红计算表

延期支付比例(5:3:2 原则)	50%	30%	20%			
分红日期	2018 年 1 月 25 日	2019 年 1 月 25 日	2020 年 1 月 25 日	2021 年 1 月 25 日	2022 年 1 月 25 日	2023 年 1 月 25 日
公司分红总额（万元）	1000	1300	1700	2200	2900	4000
当期公司股本总数（万股）	1000	1100	1200	1200	1300	1350
被激励对象持有股数（万股）	100	100	100	120	120	120
被激励对象持股比例（%）	10	9.09	8.33	10	9.23	8.89
当年每股分红（元）	1	1.18	1.42	1.83	2.23	2.96
个人当年应分红总额（万元）	100	118	142	219.6	267.6	355.2
当年分红（当年分红总额 ×50%）（万元）	50	59	71	109.8	133.8	177.6
去年剩余分红（去年分红总额 ×30%）（万元）	0	30	35.4	42.6	65.88	80.28
前年剩余分红（前年分红总额 ×20%）（万元）	0	0	20	23.6	28.4	43.92
当年累计分红（万元）	50	89	126.4	176	228.08	301.8

三藏指引

“532延迟支付”方式是一种减速延迟发放红利的方式，它可以很好地缓解一次性发放红利过多而导致来年员工动力不足的问题。当然，企业也可以根据此方案，采取匀速延迟支付方式，如每年发放1/3，3年发放完毕；或者采用加速延迟发放方式。

需要注意的是，如果股权红利本来就不多，就没有必要再使用延迟支付的方式，比如总经理年底分红只有5万元，如果再分3次派发，反而会大大降低激励对象的积极性。

※5步连贯激励法：逐步加大激励力度

针对业务部门的股权激励，非上市公司的解决思路是5步连贯激励法，当然，也可以是多种性质的股权激励组合，如图7–2所示。

5步连贯激励法的实施过程是一个激励强度逐步加大的阶梯过程，也是员工与企业共同成长的过程。通过在职分红股转注册股，然后增持股份，随着职位升迁转入集团股，有外来资本进入或拟上市的，可以进行股权重组。

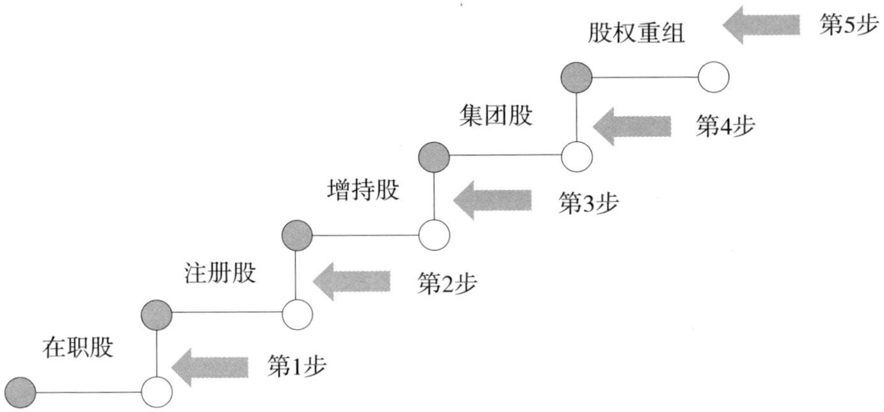

图 7-2　5步连贯激励法

1. 在职股

在职股，即岗位干股，是一种虚拟股份，只有分红的权利，而没有所有权。这种激励方式注重终端期激励，比较适合新入职的高管。

2. 注册股

注册股，是公司的实股，需要到工商部门注册，成为公司真正的股东。注册股股东根据所占股份比例，享有相应的所有权、管理权和收益权。

3. 增持股

公司如果进行股份增发，公司的股东享有优先认购权，可进一步增持公司股份。

4. 集团股

如果是集团公司，激励对象被调升到总部工作，那么公司可以考虑将激励对象在子公司的股份提升到总公司，以激励核心高管增强全局意识，为企业长远考虑。

5. 股权重组

公司如果要进行融资、重组、并购等，也需要对公司股份进行股权重组，以适应公司变革的需要。

※ 西学中用激励法：解决股权激励量化难题

对于非业务团队的股权激励，因涉及的岗位多种多样，各岗位之间相对价值的比较和量化成为难题。西方的海氏三要素价值评估法可以有效解决不同职能部门、不同职务之间相对价值相互比较和量化的难题。我们将此方法定义为西学中用股权激励法。

海氏三要素价值评估法由艾德华·海开发，是国际上使用最广泛的一种岗位评估方法。据统计，世界500强的企业中，有1/3的岗位评估都采用了海氏三要素价值评估法。

海氏三要素价值评估法将付酬因素进一步抽象为三大因素，

即技能水平、解决问题能力和风险责任（如表 7–3 所示），并据此设计了三套评价量表，将所得分值根据计算公式加以综合，即可算出各个工作岗位的相对价值。

表 7–3　海氏三要素价值评估要素

要素	含义	包括内容
技能水平	使绩效达到可接受的水平所必须具备的专业知识及相应的实际操作技能	科学知识、专业技术及操作方法；计划、组织、执行、控制及评价等管理诀窍；激励、沟通、协调、培养等人际关系技巧
解决问题能力	岗位承担者拥有的应对环境变化和处理复杂问题的能力	环境因素、问题难度
风险责任	工作岗位承担者的行动自由度、行为后果影响及职位责任大小	行动自由度、行为后果影响、风险责任

用海氏三要素价值评估法得出股权激励额度，对岗而不是对人，是基于其岗位在未来对公司所产生价值的激励，而没有考虑其岗位上的人在公司的历史贡献及其现阶段实际具有的素质水平（如工作时间和职位）。因此，不同人员在公司的股权激励额度需要综合考虑多种因素，既要会用西方的量化工具进行有效测评，更要结合中国实情，实现西学中用。

海氏三要素价值评估法的具体应用

××公司通过使用海氏三要素价值评估法对公司部分岗位进行了评分。根据该评估法得出被激励的7个岗位的价值评估得分分别为：1738、1624、1566、1364、1315、1268、1050，其中研发岗位的价值评估得分为1364分。

假设公司分配给这7个部门的激励总股数为20万股，则研发岗位应得激励股数为：

1364÷（1738+1624+1566+1364+1315+1268+1050）×20万股=27486股

※“金色降落伞”：让老员工功成身退

不少企业可能会存在这样一群人：他们是公司的创业元老，为公司的发展贡献了青春与汗水；随着公司的发展，他们的能力逐渐跟不上公司发展的脚步，甚至成为公司发展的阻碍，成了“明日黄花”。解聘他们，一方面于心不忍，另一方面会让其他人心寒。但是，继续让其留任，又会使公司发展停滞不前。针对这种情况，企业若采取“金色降落伞计划”，不仅能很好地解决创业元老的退出问题，同时也能让核心高管看到企业的商德和智慧。

为老员工留出退路

一家全国知名的服装企业的董事长黄董一直在谋求公司上市，但是目前存在一大障碍，就是如何安排创业元老李总。

李总跟随黄董南征北战，可以说没有李总，就没有现在的公司。如果不上市，公司在李总的经营下没有问题，但是如果上市，李总的能力就有所欠缺。

李总普通话不好，满口的家乡音，公司未来上市后，需要经常与媒体打交道，届时，李总将难以胜任。同时，李总对金融资本运作方面的能力也不足，尽管他也在努力学习，但是仍然不符合工作要求。黄董意识到了这个问题，决定在上市前更换总经理。

根据公司情况，我们给出了相应的股权激励方案。黄董公司的关键人物有7人，核心人物是李总。在原有超额利润股权分红的基础上，我们给予包括李总在内的7位核心高管追加限制性股份。具体来说，就是按照之前该公司的业绩方案，李总在公司上市前会获得100万股的注册股份，占公司股份的5%。授予之日将分红权给予他，但是真正获得股份需要公司上市2年后，限制条件是李总必须从总经理的位置上退下来。

李总退下来后，被安排到董事会做专门董事，这样李总就和黄董利益完全一致了，他也更能从公司长远发展角度为黄董分担工作。

※ 渠道激励法：用股权整合上下游渠道资源

企业的合作伙伴既包括上游的供应商、下游的经销商，也包括处于同行业的竞争者、投资者等。企业如何通过股权激励激活这些人，以实现资源的整合，是企业治理的一种智慧，更是企业老板的一种境界。

泸州老窖：用股权激励整合上下游资源

泸州有很多酒厂，但为什么泸州老窖能成功？

第一，创立了品牌——“国窖 1573”，进行了文化营销，使其具有非常好的品牌优势。

第二，实行了股权激励。

泸州老窖在最初实行股权激励时，激励的对象不是高管、员工，而是全国的经销商。泸州老窖刚刚推出“国窖 1573”时，股票价格只有 5.8 元 / 股，公司给了经销商股票期权，就是让经销商锁定 5.8 元的认购价来购买泸州老窖的股票，将来股票涨到 10元/股时仍按5.8元/股去认购，看到 10元再掏5.8元，经销商稳赚不赔。所以，实行股票期权的最大好处是让经销商看到结果之后再投资，让他们得到实实在在的好处。

股份价格最初是 5.8 元 / 股，现在变成 10 元 / 股，提高的部分是谁给的?

第一是产品市场给的，市场靠业绩，业绩靠经销商。

第二是股票市场给的，溢价增值。产品市场和资本市场是互动的，经销商不仅可以通过销售产品获得利润，还可以通过股票差价来获取收益，当然会越干越有劲。

市场拉动是第一位的，泸州老窖通过对经销商实行股权激励，实实在在地提升了公司的销售业绩。

泸州老窖的例子证明，渠道激励法可以有效帮助企业开发和维护客户，从竞争中脱颖而出。

三藏指引

股权激励的方法多种多样，企业需要根据自身的需求设计相应的股权激励方案，并引导员工将自己的需求与公司的长远发展目标合二为一，调动员工的积极性，使员工在为企业创造价值的同时，认识到也是在为自己工作，进而实现企业的整体目标。

第 8 章
运用：步骤分解有法可循

- 股权激励方案如何有条不紊地实施？
- 在实施股权激励方案的过程中应该注意哪些问题？
- 在股权激励方案实施过程中如何对其进行修正和完善？
- 如何确保股权激励方案公平、有效？

一个好的股权激励方案只有切实被履行才有意义。实施股权激励，需要统一思想，做到上下同欲。只有股东和企业经营者上下同欲、目标一致，愿意为企业的发展共同努力，股权激励才能行之有效。

当涉及发展型企业股权激励具体的落实与执行时，企业需要综合统筹，统一管理分配，从全局的高度看待整个激励方案，用科学化、体系化的思维通盘考虑。企业的高管也好，股东也罢，在执行股权激励方案时，多多考虑一个体系之间的各要素能不能互相配合，能不能为企业战略提供支持，如此要比纠结是给干股还是给实股、是给2%还是给5%这样的问题重要得多。

※股权激励方案设计的准备

前面我们已经讲过，股权激励是企业家实现创业梦想的终极王牌。既然是王牌，就不能轻易拿出来。那么，究竟什么时候应该亮出这张王牌？当企业出现以下情况，就是亮出这张王牌的时机。

1. 股权激励方案实施的时机

一般情况下，企业出现以下4种情况是实施股权激励的最佳时机：

• 企业的高管和骨干员工频繁地跳槽。

• 虽然高管和骨干员工流失不严重，但是公司工作场所几乎没有工作氛围，高管和骨干员工变得懒散。

• 企业的高管和骨干员工在一些场合经常有意无意地提到竞争对手公司的薪酬待遇，对公司薪酬待遇表示不满，而公司的主要竞争对手已经实施了股权激励制度。

• 公司立下了较为远大的经营目标，一般而言，是指利润增长率或其他核心经营指标远超以往年度平均水平。如果没有高管和骨干员工的齐心协力，则无法实现既定的目标。

2. 股权激励方案不适合实施的时间

一般情况下，企业出现以下4种情况时不适合实施股权激励：

• 企业业绩持续下滑。此时，公司可以缩减成本，提高核心员工的薪资水平或福利待遇，保障核心人才不流失，效果达到之后再实施股权激励。

• 企业缺乏相应的信任体系。老板时常吹牛而不兑现承诺，员工不相信领导。此时，实行股权激励并不能收到很好的效果。

• 员工对企业股份缺乏信心，更看重眼前利益。此时，更需要树立员工对企业的信心，加强文化建设。

• 前期实施股权激励未能收到很好的效果，反而让员工收入水平比之前下降。此时，需要调整股权激励方案，而不是继续强硬推行。

3. 股权激励方案实施前的调查

对公司的信息了解不足，往往会导致股权激励方案不公平，或者可执行性不强，或者因为违反法律规定而失效。因此，为了给公司设计一个合适的、能达到预期效果的激励方案，在方案设计之前由专业律师或其他中介机构对公司进行尽职调查是十分必要的。

尽职调查的目的是了解公司各方面的事实情况，尤其是公司的人力资源、薪酬管理、绩效考核等方面，需要有清晰的数据资料。

※ 股权激励方案的实施步骤

做好股权激励方案和实施股权激励前的调查工作之后，就可以实施股权激励计划了（如图 8-1 所示）。

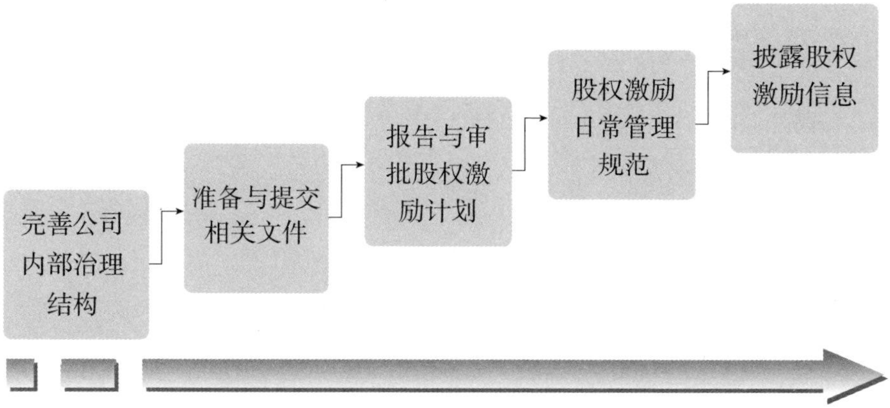

图 8-1　股权激励方案的实施步骤

1. 完善公司内部治理结构

企业实行股权激励，也意味着逐步由内部管理向公众治理转型、过渡，因而，企业需要不断完善公司治理结构的设计。图 8–2 为股东—董事会—管理层治理结构。

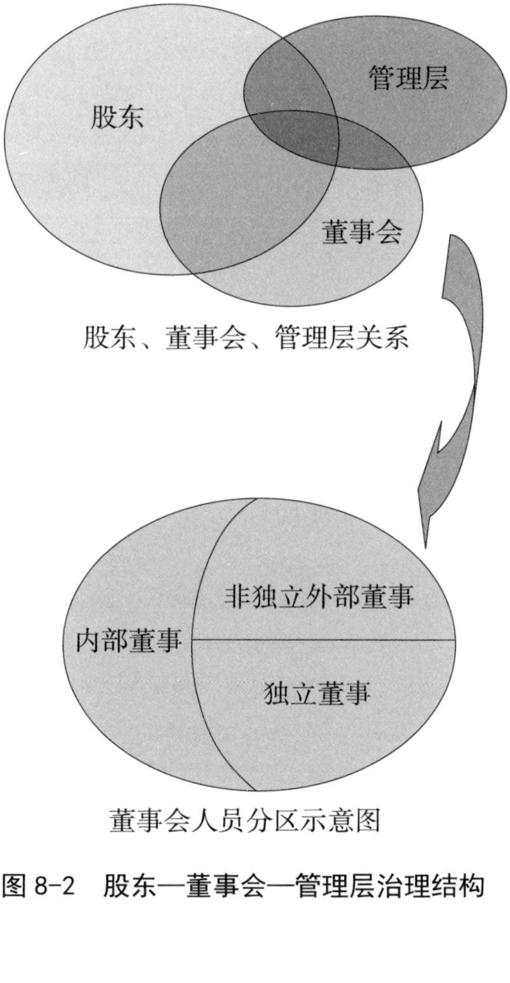

图 8–2　股东—董事会—管理层治理结构

在现代法人治理结构中，董事会是法人治理的核心，对于股东而言，董事会是受托者，接受股东的委托，实现股东对资产保值、增值的要求；对于经理层而言，董事会是委托者，授权经理人开展公司经营活动并对实施情况进行监督和控制，以实现经营目标。

基于董事会在法人治理结构中的核心地位，我们可以说董事会治理水平是整个公司法人治理结构水平的缩影。如果公司的董事会治理出现问题，轻则影响公司经营效益，重则会使公司陷入万劫不复之地。

在我国，基于董事会为核心的相应结构而设计的公司治理结构，如图 8-3 所示。

图 8-3 中，监事会与董事会是平行的委员会。在不少发展型企业中，监事会对公司管理层有监督权力，无直接的行政权力，权力比较弱，作用不明显。

①股东大会

股东大会是公司的最高权力机关，它由全体股东组成，负责对公司重大事项进行决策，有权选任和解除董事，并对公司的经营管理有广泛的决定权。股东大会既是一种定期或临时举行的由全体股东出席的会议，又是一种非常设的由全体股东所

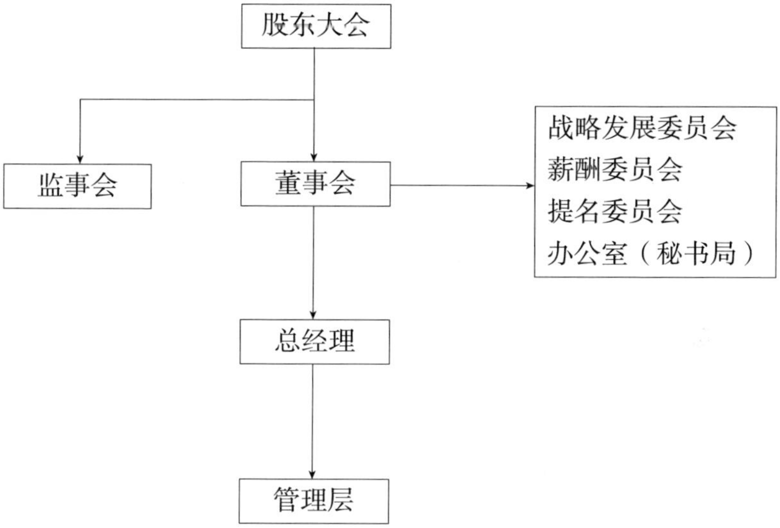

图 8-3 公司治理结构

组成的公司制企业的最高权力机关。它是股东作为企业财产的所有者对企业行使财产管理权的组织，企业一切重大的人事任免和重大的经营决策，一般都要得到股东大会认可和批准方才有效。

股东大会的职权包括：

• 决定公司的经营方针和投资计划；

• 选举和更换董事，决定有关董事的报酬；

• 选举和更换由股东代表出任的监事，决定有关监事的报酬事项，审议批准董事会的报告；

• 审议批准监事会的报告；

• 审议批准公司的年度财务预算方案、决算方案；

• 审议批准公司的利润分配方案和弥补亏损方案；

• 对公司增加或减少注册资本做出决议；

• 对公司发行债券做出决议；

• 对股东向股东以外的人转让出资做出决议（本项为有限责任公司股东会议特有的职权）；

• 对公司合并、分立、解散和清算等事项做出决议；

• 修改公司章程及公司章程规定需由股东大会决定的事项。

②董事会

董事会是由董事组成的，对内掌管公司事务，对外代表公司的经营决策机构。董事会由股东大会选举，对股东大会负责。

董事会的职权包括：

• 负责召集股东大会；

• 执行股东大会决议并向股东大会报告工作；

• 执行股东大会决议；

• 决定公司的生产经营计划和投资方案；

• 制定公司的年度财务预算方案、决算方案；

• 制定公司利润分配方案和弥补亏损方案；

• 制定公司增加或减少注册资本及发行公司债券方案；

• 制定公司合并、分立、解散或变更公司形式的方案；

• 决定公司内部管理机构的设置；

• 决定聘任或解聘公司经理及其报酬事项，并根据经理的提名决定聘任或解聘公司副经理、财务负责人及其报酬事项；

• 制定公司的基本管理制度；

• 公司章程规定的其他职权。

③监事会

监事会是由股东大会选举的监事及由公司职工民主选举的监事组成的，也称公司监察委员会，是股份公司法定的必备监督机关，是在股东大会领导下，与董事会并列设置，对董事会和总经理行政管理系统行使监督权力的内部组织。

监事会的职权包括：

• 检查公司财务；

• 当董事、高级管理人员的行为损害公司的利益时，要求董事、高级管理人员予以纠正；

• 提议召开临时股东会会议；

• 向股东会会议提出提案；

• 依照《中华人民共和国公司法》第一百五十二条的规定，

对董事、高级管理人员提起诉讼；

• 公司章程规定的其他职权；

• 列席董事会会议，对所议事项提出质询和建议；

• 调查公司异常经营情况。

④薪酬委员会

薪酬委员会一般为公司董事会的常设专门委员会，由 4 ~ 6 名董事会任命的董事委员（大多为独立董事）组成，通过薪酬委员会会议行使职权。薪酬委员会履行的主要职能有：评估经理绩效；制订和监督经理薪酬计划；制订员工退休金、利润分享等收益计划。

薪酬委员会的职责包括：

• 根据董事会及高级管理人员管理岗位的主要范围、职责、重要性及相关企业相应岗位的薪酬水平制订薪酬计划或方案；

• 审查公司董事（非独立董事）及高级管理人员履行职责的情况，并对其进行年度绩效考评，这也是制订公司合理薪酬计划的依据；

• 制订员工退休金、利润分享等收益计划；

• 负责对公司薪酬制度执行情况进行监督；

• 在薪酬委员会下设立工作组，专门负责做好薪酬委员会决策的前期准备工作，筹备薪酬委员会会议，并提供公司有关经营方面的资料及被考评人员的相关资料；

- 董事会授权的其他事项。

利用股东大会为公司发展保驾护航

××精密仪器生产企业有三个大股东，分别是李董、王总、周总。李董是公司的创始人，占股40%；王总担任总经理，是公司的合伙人之一，占股25%；周总是公司的副总，也是合伙人，占股20%。公司对其他核心高管也实行了股权激励，共占10%的股份，另外5%作为预留股份，用以激励后来的优秀人才。

李董经常在外出差，对公司管理比较少。最近回公司，发现有很多不对劲的地方，但具体问题在哪儿也不太清楚。于是他聘请了调查公司及律师事务所对公司的实际运营情况进行了调查。调查后发现，王总联合公司财务总监，在购买设备时，利用关联交易将所获利润转移到其朋友的公司，然后进行分成，导致公司成本增加，伤害了其他股东的利益，并且影响了企业的发展。

之后，李董发起召开股东大会，并成立专门的控股公司，将相关股东纳入控股公司，同时成立监事会，聘请专业律师担任公司独立董事，为公司运营保驾护航。自此，公司治理逐步规范，员工积极性高涨，并相继引入两期风投资金，用三年时间便实现了十倍的业绩增长。

2. 准备与提交相关文件

企业对经营管理者进行股权激励，根据国家相关法律法规要求，一般需要准备以下文件：《股权激励协议书》《分红股授予协议书》《保密协议》《竞业禁止协议书》《劳动合同》等。案例中我们列出了《股权激励协议书》《分红股授予协议书》《竞业禁止协议书》的范本，以供参考。

股权激励协议书

甲方	乙方
名称：________	姓名：________
姓名：________	身份证号码：________
法人：________	身份证地址：________
身份证号码：________	现住址：________
地址：________	电话：________
电话：________	
传真：________	

根据《合同法》和《×× 股份有限公司股权激励制度》的有关规定，本着自愿、公平、平等互利、诚实守信的原则，甲乙双方就以下有关事项达成如下协议：

1. 本协议书的前提条件。

（1）乙方在2018年12月31日前的职位为甲方公司总经理之职。

（2）在2019年1月1日至2021年12月31日期间，乙方的职位为甲方公司总经理之职。

（3）若不能同时满足以上2个条款，则本协议失效。

2. 限制性股份的考核与授予。

（1）由甲方的薪酬委员会按照《××公司××年度股权激励计划》中的要求对乙方进行考核，并根据考核结果授予乙方相应的限制性股份数量。

（2）如果乙方考核合格，甲方在考核结束后30天内发出《限制性股份确认通知书》。

（3）乙方在接到《限制性股份确认通知书》后30天内，按照《限制性股份确认通知书》规定支付定金。逾期不支付，视为乙方放弃《股权确认通知书》中通知的限制性股份。

3. 限制性股份的权利与限制。

（1）本协议的限制性股份的锁定期为5年，期间为2022年1月1日至2026年12月31日。

（2）乙方持有的限制性股份在锁定期间享有与注册股相同的分红权益。

（3）乙方持有限制性股份锁定期间不得转让、出售、交换、记账、质押、偿还债务。

（4）当甲方发生送红股、转增股份、配股和向新老股东增发新股等影响甲方股本的行为时，乙方所持有的限制股根据《××股份有限公司股权激励制度》进行相应调整。

（5）公司若在锁定期内上市，将提前通知乙方行权，并将乙方的限制性股份转为公司注册股。行权价格以《限制性股份确认通知书》中规定或董事会规定为准。

4.本协议书的终止。

（1）在本合同有效期内，凡发生下列事由（包括但不限于），自情况核实之日起即丧失激励资格、考核资格，取消剩余分红，情节严重的，公司依法追究其赔偿责任并有权给予行政处分，行政处分包括但不限于停止参与公司一切激励计划、取消职位资格甚至除名。构成犯罪的，移送司法机关追究刑事责任。

①因不能胜任工作岗位、违背职业道德、失职渎职等行为严重损害公司利益或声誉而导致的降职。

②公司有足够的证据证明乙方在任职期间，由于受贿索贿、贪污盗窃、泄露公司经营和技术机密、损害公司声誉等行为，给公司造成损失的。

③开设相同或相近的业务公司。

④自行离职或被公司辞退。

⑤伤残、丧失行为能力、死亡。

⑥违反公司章程、公司管理制度、保密制度等其他行为。

⑦违反国家法律法规并被刑事处罚的其他行为。

（2）在限制性股份锁定期间，无论何种原因离开公司的，甲方将无条件收回乙方的限制性股份。

5. 行权。

（1）行权期。

本协议中的限制性股份的行权期为 2027 年 1 月 15 日至 2027 年 1 月 31 日。

（2）行权价格。

以《限制性股份确认通知书》中规定为准。

（3）行权权利选择。

乙方若不想长期持有，公司可以回购其股份，价格根据现净资产的比例支付或协商谈判。

乙方希望长期持有，则甲方为其注册成为公司的正式股东，享有股东的一切权利。

6. 退出机制。

（1）在公司上市及风投进入前，持股人退股：

若公司亏损，被激励对象需按比例补上亏损部分；

若公司盈利，公司原价收回。

（2）若风投进入公司后，持股人退股，公司按原价的 150% 收回。

（3）如上市后持股人退股，由持股人进入股市进行交易。

7.其他事项。

（1）甲乙双方根据相关税务法律的有关规定承担与本协议相关的纳税义务。

（2）本协议是公司内部管理行为。甲乙双方签订协议并不意味着乙方同时获得公司对其持续雇佣的任何承诺。乙方与本公司的劳动关系，依照《劳动法》以及与公司签订的劳动合同办理。

（3）乙方未经甲方许可，不能擅自将本协议书的有关内容透露给其他人员。如有该现象发生，甲方有权废止本协议并收回所授予的股份。

8.争议与法律纠纷的处理。

（1）甲乙双方发生争议时。

《×× 有限公司股权激励管理制度》已涉及的内容，按《×× 有限公司股权激励管理制度》及相关规章制度的有关规定解决。

《×× 有限公司股权激励管理制度》未涉及的部分，按照甲方《股权激励计划》及相关规章解决。

公司制度未涉及的部分，按照相关法律的和平合理原则解决。

（2）乙方违反《×× 有限公司股权激励管理制度》的有关约定、违反甲方关于激励计划中的章程制度或国家法律政策，甲方有权视具体情况通知乙方，终止与乙方的激励协议而不需要承担任何责任。乙方在协议书规定的有效期间内的任何时候，均可通知甲方终止股权协议，但不得附任何条件，若因此给甲方造成损失，乙方应承担赔偿损失的责任。

（3）甲乙双方因履行本协议或与本协议有关的所有纠纷应首先以友好协商方式解决，如双方无法通过协商解决的，任何一方可将争议提交甲方所在地人民法院解决。

9. 本协议经甲乙双方签字盖章后生效。本协议一式两份，双方各执一份，两份具有同等法律效力。

甲方盖章：

法人代表签字：　　　　　　　　乙方签字：

日期：___年___月___日　　　　日期：___年___月___日

分红股授予协议书

甲方
姓名：________________
身份证号码：__________
身份证地址：__________
电话：________________

乙方
姓名：________
身份证号码：____________
身份证地址：____________
现住址：________________
电话：____________

甲乙双方声明：在签订本合同之前，已经仔细阅读过《××有限公司股权激励管理制度》与本合同的各项条款，了解其法律含义，并出于本意接受。为发展××有限公司的事业，实现员工利益与公司长远价值的和谐发展，根据《××有限公司股权激励管理制度》的有关规定，双方经协商一致，达成如下协议：

1. 本协议遵循公平、公正、公开原则和有利激励、促进创新原则。

2. 本协议不影响乙方原有工资、奖金等薪酬福利。

3. 本协议有效期为5年。

4. 该计划中，甲方向乙方赠予××股分红股。签约当日公司的股份总数等同于注册资本总额，即××股。

5. 乙方持有的分红股每年分红一次，分红时间为每年年报正式公布后的30个自然日内。具体的分配办法由董事会按照规定执行。

6. 乙方不得将授予的分红股用于转让、出售、交换、背书、记账抵押、偿还账务等。

7. 在办理工商变更登记手续之前，当发生送股、转增股份、配股、转增和增发新股等影响公司股本的行为时，董事会有权决定乙方分红股是否按照股本变动的比例进行相应调整。

8. 在本合同有效期内，乙方无论因何种原因退出（包括辞职、自动离职或被公司除名、辞退、开除，劳动合同期满后未续约等），其所获分红股自动失效。

9. 乙方承认有下列情形之一的，甲方有权无偿收回乙方获得的分红股。

（1）乙方因严重失职、渎职或因此被判定任何刑事责任的。

（2）乙方违反国家有关法律法规、公司章程规定的。

（3）公司有足够的证据证明乙方在任职期内，由于受贿索贿、贪污盗窃、泄露公司经营和技术机密、损害公司声誉等行为，给公司造成损失的。

10. 甲乙双方根据相关税务法律的有关规定承担与本协议相关的纳税义务。

11. 本协议不影响公司根据发展需要做出资本调整、合并、分立、发行可转换债券、企业解散或破产、资产出售购买、业务转让或吸收以及公司其他合法行为。

12. 公司准备发行股票并上市或有其他重大融资安排时，乙方同意按照相关法规的要求以及公司董事会的决定，由公司董事会对其所持有的分红股进行处理。

13. 本协议是公司内部管理行为，甲乙双方签订协议并不意味着乙方同时获得公司对其持续雇佣的任何承诺。乙方与公司的劳动关系，依照《劳动法》以及与公司签订的劳动合同办理。

14. 本合同是《×× 有限公司股权激励管理制度》的附件合同。本合同未尽事宜，根据《×× 有限公司股权激励管理制度》进行解释。

15. 本协议如有未尽事宜，双方本着友好协商原则处理。对本协议的任何变更或补充需要甲乙双方另行协商一致，签署变更或补充协议书予以明确。

16. 甲乙双方发生争议时，本协议和《×× 有限公司股权激励管理制度》已涉及的内容按约定解决。未涉及的部分，按照相关法律和公平原则解决。

17. 本协议一式两份，甲乙双方各持一份，具同等法律效力，自双方签字盖章之日起生效。

甲方盖章：

法人代表签字：　　　　　　　乙方签字：

日期：___年___月___日　　　日期：___年___月___日

竞业禁止协议书

甲方　　　　　　　　　　　　　乙方

名称：＿＿＿＿＿＿＿＿＿＿＿　姓名：＿＿＿＿＿

法人：＿＿＿＿＿＿＿＿＿＿＿　身份证号码：＿＿＿＿＿＿＿

地址：＿＿＿＿＿＿＿＿＿＿＿　身份证地址：＿＿＿＿＿＿＿

电话：＿＿＿＿＿＿＿＿＿＿＿　现住址：＿＿＿＿＿＿＿＿＿

传真：＿＿＿＿＿＿＿＿＿＿＿　电话：＿＿＿＿＿＿＿＿＿＿

鉴于乙方知悉甲方的重要商业机密，为保护双方的合法权益，根据有关法律规定，本着平等、自愿和诚信的原则，经协商一致，达成下列条款，双方承诺共同遵守：

1.禁止行为。

本协议所称的竞业禁止是指乙方在《劳动合同》期限内及无论何种方式终止《劳动合同》之后的一定年限内，不得以以下方式从事与甲方相同、相近或有竞争情形的其他业务：

（1）以投资、参股、合作、承包、租赁、委托经营或以其他方式从事与甲方相同、相近或有竞争情形的其他相关业务。

（2）直接或是间接受聘从事其他公司或组织与甲方相同、相近或有竞争情形的其他相关业务。

2.禁止期限。

本协议约定的竞业禁止期限为双方劳动合同终止后一年。

3.禁止行业。

本协议所指的与甲方相竞争的业务，包括但不限于以下行业：

（1）培训行业，包括以营利为目的的或不以营利为目的的与甲方经营业务相同或相近的培训企业或其他组织。

（2）教育行业，包括各种形式的与甲方经营业务相同或相近的学校、教育机构或其他组织等。

（3）软件技术开发行业，包括与甲方使用的软件相同或相近的软件开发。

（4）咨询行业，包括信息咨询、企业管理咨询、企业形象策划等与甲方营业范围相同或相近的行业。

4.禁止地域。

乙方承担竞业禁止义务的地域范围指中国范围内，包括香港和澳门地区。

5.补偿。

在劳动合同终止后，乙方应在离职当日签署《履行竞业禁止协议确认书》。

在乙方履行竞业禁止义务期限内，甲方向乙方支付约定数额的竞业禁止补偿金，补偿金的标准为该员工离开企业前最后十二个月平均工资的1/2。补偿金按每月支付，在此期间如甲方停止给予补偿金，乙方可不再履行禁止义务。

6.监督。

甲方有权对乙方履行竞业义务的情况进行监督检查，乙方应当以下列方式配合甲方的监督与检查。

（1）每次变更工作单位都应当在变更之日起15日内向甲方提供工作单位名称、职务证明、单位电话等，以便甲方核实。

（2）每季提供一份由其人事档案存档机关出具的证明其劳动关系的证明文件。

（3）每季提供一份证明其任职单位为其缴纳社保的证明文件。

7. 违约责任。

乙方不履行或违反本协议约定的竞业禁止义务，应当向甲方支付违约金。违约金额为本协议约定的竞业禁止期限补偿金额总额的5～10倍，并一次性支付给甲方，核定权归甲方。

8. 争议解决。

因本协议引起的纠纷，由双方协商解决，如协商不成，则通过甲方所在的地方法院诉讼解决。

9. 协议效力。

本协议一式两份，自双方签字盖章之日起生效。

甲方盖章：

法人代表签字：　　　　　　　　乙方签字：

日期：___年___月___日　　　　日期：___年___月___日

3. 报告与审批股权激励计划

股权激励计划的制订最终需要体现在股权激励计划方案等具体文件上。因此，股权激励计划方案、相关配套制度文件的起草在企业实施股权激励计划过程中发挥着重要的作用。企业实施股权激励计划的思路要落实在文件中，文件起草完成，股权激励方案经过审议生效后，方可实施。具体如何实施，激励对象如何考核、能否行权、何时行权、如何行权等都需要按照起草的各种文件进行。

股权激励计划要经过董事会审议通过，更要得到激励对象的认可，因为激励对象不认可，股权激励是没有效果的。

股权激励计划相关材料包括：股权激励计划草案、董事会决议、法律意见书、独立财务顾问报告（没有聘请独立财务顾问的，则不需要提交）、有关部门的批复文件和中国证监会要求的其他文件。

一般来说，发展型企业、非上市公司的股权激励方案不像上市公司的股权激励方案，需要经过证监会的严格审批。因此，这类公司实施股权激励的程序相对简单一些。

股权激励方案能否通过，最终取决于股东大会：激励计划的每个事项，都须经过股东大会 2/3 以上的表决票通过方为有效。经股东大会通过的股权激励计划才可以实施。

股东大会应对激励计划中的以下事项进行表决：

• 股权激励计划所涉及的标的股权种类、来源和数量；

• 激励对象确定的依据、范围及被授予的股权数量；

• 激励对象行权条件；

• 股权激励计划的有效期、标的股权的禁售期；

• 股权的授予价格、行权价格及其确定方法；

• 股权激励计划涉及的股权数量、授予价格及行权价格的调整方法和程序；

• 股权激励计划的修改与终止。

4. 股权激励日常管理规范

一个股权激励计划好不好，能否发挥作用，除了取决于计划是否精心设计，更重要的是计划的具体实施。股权激励计划能否很好地激励员工，同时又能有效约束激励对象，从而达到预期效果，关键在于股权激励计划的管理是否到位。

①激励对象的考核体系建设

股权激励到底授予谁，授予多少，采用何种方式授予，这些都不能靠拍脑袋做决定。股权激励需要建立在相应的绩效考核基础上才能确保公平与公正。同时运用海氏三要素价值评估法或美世国际职位评估法，对岗位价值进行综合评估，将相关要素进行量化，然后在此基础上设计股权激励授予方案。

②思想教育与文化建设

股权激励要特别注重思想教育与文化建设，只有统一思想，上下同欲，才能创造更大的绩效。股权激励虽然能很好地激励经营者，但是股权激励绝不能成为企业唯一的激励工具。企业也应采用其他激励方式，如榜样激励、目标激励、薪酬激励、PK 激励等，发挥联合协同效应。

③股权管理方式提升

为了保证股权激励计划的顺利进行，企业必须加强对计划的各种管理，股权激励到底是内部控制还是业务外包，企业需要慎重选用。

内部控制指企业可以在内部组建相关委员会，负责股权激励的授予、发放、推出等相关管理工作，也可以引入相关管理软件，完善公司数据库，确保工作有理有据。

业务外包就是将计划的设计与管理工作外包给专业的薪酬机构或金融机构。这一形式避免了自我管理带来的一些麻烦，同时也能很好地节省成本，提升专业度。当然，业务外包，企业并不是撒手不管了，仍然需要指定专人或专门部门负责对外包机构的管理工作进行监督，并定期向外包机构了解计划的运行情况，以确保无重大偏差。

5. 披露股权激励信息

股权激励计划的实施，不但关系到股东和员工的切身利益，影响企业未来的发展，还会对公司的股本结构甚至股价产生重大影响。公司的股价问题是极为敏感的，因为它涉及众多投资者的利益。因此，加强信息监管与披露制度建设尤为重要。

①股东大会通知中的信息披露

董事会在将股权激励计划提交股东大会讨论时，应在股东大会通知中明确披露下列信息：

- 股权激励计划的主要内容，包括计划的目的、授予总量及授予单个人的数量、参与者范围、行权价格的确定方法、股权激励计划的期限、授予或行使的限制性条款等；
- 实现股权激励计划目的的途径；
- 以图表的方式注明公司最近三年股价的表现，并与行业指数做比较；
- 股权授予总量或授予单个人的数量如超过有关限制、股权超范围发行、行权价格过低时，董事会应该予以解释和说明；
- 公司薪酬委员会、监事会、独立财务顾问对于公司实行股权激励计划的意见等。

②授予时的信息披露

公司首次授予激励对象股份，应当公开披露股权激励计划的总体方案，并披露本次授予的具体情况，如获得股权的人数，本次授予的总数量，主要获授人的姓名、获得数量、职务、占总授予数量的比例等，以便于公众了解具体的相关信息。以后再进行股权授予时，不再需要公布股权激励计划的实施方案，只需例行公布授予股权的具体情况即可。

光明乳业的股权激励方案

光明乳业在2010年实施股权激励方案时，对股权激励计划进行了公开披露：

• 本限制性股票激励计划拟授予的股票数量不超过840.81万股，即公司总股本的0.81%，其中预留60万股。股票来源为公司向激励对象定向发行的普通股。

• 本限制性股票激励计划的授予价格为4.70元/股。若在本计划限制性股票授予前，光明乳业有派息、资本公积金转增股份、派送股票红利、股票拆细或缩股、配股等事项，授予价格将进行相应的调整。

• 本限制性股票激励计划的激励对象为104人。

• 本计划各岗位激励对象获授限制性股票数量，如表8-1所示。

表 8-1 光明乳业各岗位激励对象获授限制性股票情况

姓名	职务	人数	获授限制性股票数量（万股）	占限制性股票总量比例（%）	占公司总股本比例（%）
××	总经理	1	27.19	3.23	0.03
××	副总经理	1	22.10	2.63	0.02
××	董事会秘书	1	16.22	1.93	0.02
××	财务总监	1	14.03	1.67	0.01
其他	中层管理人员，营销、技术及管理骨干	100	701.27	83.40	0.67
预留			60.00	7.14	0.06
合计		104	840.81	100.00	0.81

③行权时的信息披露

股权行权将使内部员工股东比例逐步加大，从而使公司的股东结构发生变化，也使公司的流通股比例逐步加大；同时，在新发行的股票供行权需要的模式下，员工的分配行权还将导致公司总股本的逐步加大。为了方便股东及时了解公司股本变动情况，公司应当定期公布员工行权的进展状况。具体信息披露办法如下：公司应当在每一季度结束后的两个工作日，向社会公布本季度员工行权所引起的公司总股本、股权结构变动情况；员工行权导致股份的增加累计达到公司发行在外普通股的10%时，上市公司应当将有关情况予以及时公告。

④年报中的信息披露

公司高管人员薪酬状况的披露是年报中关于股权激励计划信息披露的重要组成部分。在我国，要求公司披露主要高管人员薪酬状况，同时对高管人员的范围也有明确界定。

⑤临时公告中的信息披露

公司除了在以上阶段需要做信息披露之外，还应该在计划实施中发生重大事件时做出临时公告，以保护股东权益。临时公告包括以下内容：

• 公司发生收购、出售资产、股权转让以及债务重组时，董事会关于股权行权价格和数量的调整决定；

• 公司发生配股、转增股本时引起行权价格和数量的变化及计算公式；

• 股东大会对股权激励计划的决议公告；

• 其他重大事件对股权激励计划的影响描述。

三藏指引

俗话说"一碗水要端平"，说起来容易，做起来却不易。股权激励不仅需要企业具有明确清晰的价值导向、科学完备的股权管理机制，还需要兼顾工资性收入和股份收入之间的艺术平衡，以及老人历史贡献与新人未来潜力的轻重抉择等。

03

激励策略：

因事制宜，与时俱进

▼

环境在变，企业在变，股权激励策略也需要适应环境而进行改变。股权激励需要考虑长远，放眼全局，同时又要防范风险，尤其是企业控制权的丧失、经理人损害股东利益等问题。本篇从不同时期、不同人群股权激励策略及完善治理结构防范企业风险入手，站在全局角度，统筹股权激励策略。

第 9 章
布局：不同时期、不同人群、不同的股权激励策略

- 股权激励应该如何布局、统一规划？
- 企业在不同发展阶段应采用哪种股权激励策略？
- 如何为职业经理人设计股权激励方案？
- 如何为普通员工设计股权激励方案？

每一个中小企业都有成为大企业的可能，要实现这个梦想，中小企业就需要提前布局。股权激励是推动企业提前布局的关键。针对不同发展阶段，企业需要采取不同的股权激励策略。同时，由于企业中存在不同类型的人群，职业经理人和普通员工对企业的价值是不一样的，因此，针对二者的股权激励策略也会有很大的差别。

※ 企业发展的 7 个能级及相应的股权激励策略

前面我们已经将企业初创期、发展期、扩张期、成熟期 4 个阶段所采用的股权激励策略进行了简单的介绍，本部分进一步细化，将企业发展划分为 7 个能级进行深入阐述，如图 9–1 所示。

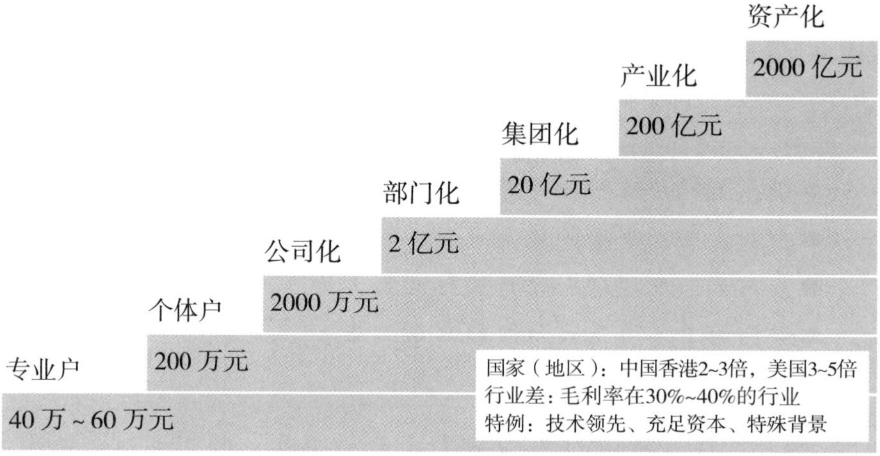

图 9–1　企业发展的 7 个能级

从图 9–1、图 9–2 可以看出，企业处于专业户阶段时，年销售额最小，一般在 40 万 ~ 60 万元；到了个体户阶段，年销售额在 200 万元左右。因此专业户、个体户企业在生存期、初创期时，可以采取进攻型统筹的股权激励策略。

公司化阶段的企业，年销售额在 2000 万元左右。此时，企业进入发展期、规范期，管理型统筹是此时实施股权激励的策略选择。

企业进入部门化阶段，年销售额在 2 亿元左右。此时，企业进入高产期、扩张期，可以采用防御型的股权激励策略。

企业继续发展进入集团化阶段，年销售额在 20 亿元左右。此时，企业进入了成熟期、上市期，可以采取公众型统筹的股权激励策略。

处于产业化、资产化阶段的企业，年销售额分别在 200 亿元、2000 亿元左右。此时，企业已经非常成熟、稳定，进入稳定期、调整期，可以采取持续型的股权激励策略。

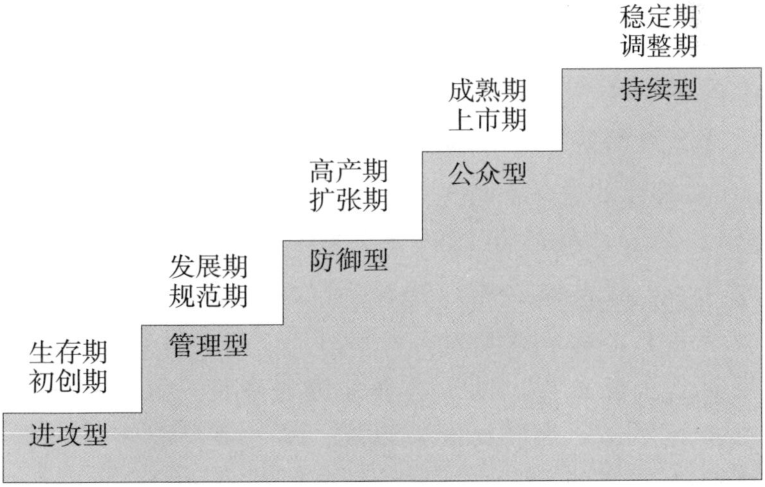

图 9-2　企业不同发展阶段股权激励策略选择

※ 进攻型股权激励策略

当企业处于发展的初期，公司年产值一般在200万元以下，处于个体户或专业户阶段。这一时期的企业特点：老板既是企业的最高决策者，又是企业的经营者，企业处于生死线上，随时可能因遭遇打击而倒闭。此时，企业没有足够的资源和资本，最需要一支具备狼性的销售团队，帮助企业渡过发展难关。

此时企业可以采用进攻型股权激励策略，以吸引一批志同道合的人才，迅速突破企业发展的障碍。

用股权吸引人才和投资

在马云创业初期，企业发展十分艰难，那时候的马云团队被称为“三无团队”（一无显赫家室，二无成功案例，三无技术优势）。这种团队背景，一直难入投资人的法眼。

马云回忆：“我记得1999年到硅谷寻找资金，跟很多风投、资本家接洽，但是没人有兴趣投资阿里巴巴，我被一一回绝。”在这种情况下，蔡崇信的加入为公司的发展插上腾飞的翅膀。

蔡崇信上任之初，做了两件关键的事情：其一是明确并落实了“十八罗汉”的股权激励协议；其二是帮助阿里巴巴引进了首轮融资。

股权激励协议让“十八罗汉”的团队利益从此与公司牢牢

地捆绑在了一起。如果没有蔡崇信，没有股权激励，阿里巴巴也许会成为一家只属于马云的家族企业，而难再有现代公司制度的色彩，更没有如今的辉煌。

※ 管理型股权激励策略

企业处于发展期，逐步走向规范化。老板逐步将经营执行的权力下放，公司中层、高层已初具雏形，企业发展迅速。

此时，企业除了需要大力开发市场、提高产品市场占有率外，还要逐步完善企业治理结构，因为原有的管理制度已经不能满足发展的需要。这一时期企业可能要面对经营者管理不力、制度成本过高、财务失控、市场增长缓慢等风险。因此，企业需要有选择地对高管人员、核心技术人员和业务骨干实施较大力度的股权激励，但激励力度较初创期要减小些。

这一阶段较为合适的股权激励模式有业绩股票、员工持股计划、延期支付计划等，尤其是员工持股计划广受企业和员工欢迎。

用股权激活员工工作动力

广州有一家生产电信产品的公司。在创业初期，十几个人志同道合，不怕苦、不怕累，加班加点，从早到晚拼命工作。公司发展迅速，短短几年时间，员工发展到一百多人，业务收入也由原来的每月几十万元发展到现在的每月上百万元。企业大了，人也多了，但公司领导明显感觉到，大家的工作积极性越来越低。

“是不是薪资太低了呢？”老总思来想去，“现在公司发展壮大了，是应该提高员工薪资待遇了。”于是公司实行了新的薪资制度，大幅度地提高了员工工资，还对公司办公环境进行了改造升级。

高薪的效果立竿见影，所有的员工都很满意，大家热情高涨，工作也很卖力。但是这种势头持续不到两个月，大家又恢复到以前懒洋洋的状态。

后来，我们对该公司进行调研并设计了相应的股权激励方案，实行期股＋虚拟股份分红的形式。该方案实施后，公司人员精神面貌焕然一新，企业业绩持续上涨，公司成本明显降低，并在后期成功引入三次风投，为公司上市做好了铺垫。

※ 防御型股权激励策略

当企业进入公司化或部门化阶段，此时，企业发展平稳、迅速，企业除了需要大力开发新产品，并进一步提高产品的市场占有率外，还要逐步完善企业治理结构。这一阶段，企业可以采用防御型的股权激励策略，创始人股权控制在 1/3 以上，以确保拥有对重大事件的否决权。

一股独大的危害

2006 年 7 月 13 日下午，创维数码控股有限公司前主席黄宏生及其胞弟、创维前执行董事黄培升因串谋盗窃及串谋诈骗创维数码 5000 多万港元等 4 项罪名成立，两人分别被香港区域法院判处有期徒刑 6 年。

据称，这次揭发黄宏生的幕后“主谋”是曾经与黄宏生多次打官司的原创维创业元老、营销总裁陆强华。财务报告显示：黄宏生家族在上市公司中占股达 77.45%，其他董事所占股份都在 3% 以下。

一股独大的直接后果是加大了经理人与老板的距离，深层后果是，当强势领导人离开后，企业很可能出现难以预料的损失。

※ 公众型股权激励策略

企业处于成熟期，市场已经相对稳定，公司实力也比较雄厚，此时企业需要不断完善公司治理水平。如有必要，可以逐步走上市的路线。由于这一时期公司管理已经非常成熟，企业可以进一步释放股份，采用多种方式融资。

海信集团：人才是发展的动力

海信集团是我国著名的家电企业，成立于1969年。在董事长周厚健的带领下，企业发展十分迅速。2011年，海信发布智能战略，围绕着多媒体、家电、通信、信息系统、房地产、新兴服务业六大产业核心，以智能化为引擎，加速前进，2013年实现销售收入932亿元。

2001年3月，为推动集团骨干员工的激励机制建设，海信集团获当地政府批准，联合周厚健等7名自然人，发起成立了青岛海信电子产业控股股份有限公司（以下简称“海信电子”）。当时7名自然人持股14.21%，海信集团持股85.79%。

而时至今日，海信电子已然成为海信集团实施股权激励的“壳”公司。从2001年至2008年，经过数次股权激励，海信电子的股权结构早已发生变动：海信集团持股比例降至51.01%，自然人股东人数则增加至81名，他们持有海信电子另外48.99%的股权。

在这81名自然人股东中，包括海信集团董事长周厚健，海信集团董事、总裁于淑珉，海信集团副总裁郭庆存，海信集团董事、副总裁肖建林，海信集团董事孙慧正等人，且这5名集团高管人员都在海信电子的前十大股东之列。

作为股权激励的“壳”公司，在海信电子发展的8年时间里，为了激励持股的管理人员，海信电子所控资产在不断增加，获得了海信集团旗下多家公司的股权，其中就包括海信电器2%的股权、海信地产45.16%的股权、海信集团财务公司20%的股权，以及通过海信空调持股ST科龙25.22%的股权。

现在我们看到的是获得股权激励后的企业员工所获得的高额回报，既然员工的回报都如此之高，企业的回报自然就更加可观了。

如果没有实施股权激励，海信集团的发展情况就难以预测了，但有一点可以肯定，实行了股权激励，员工与企业的利益就紧密联系在一起了，他们就会为了自己的利益而为企业创造出更大的价值。

三藏指引

一个企业越是在发展初期，越是用人之际，实行股权激励的效果往往越明显。随着企业做大做强，能人在组织中的作用逐渐下降，这时股权激励不再以激励为主，而是以管控为主。当企业处于成长期时，股权激励的核心就是放权让利，而大企业关注的重点则是少犯错误，求稳定。

※ 持续型股权激励策略

企业进入产业化和资本化运作阶段的同时，也进入了公众治理层面，公司的股权结构变得更加复杂。这一阶段，企业拥有雄厚的实力，成为行业的领导者。企业各种规章制度已经非常成熟与完善，企业开始追求可持续发展，同时也会向其他产业拓展。

由于企业发展稳定，股权激励行权的时间跨度也会比较大，股权激励更注重长期性。

微软公司“低工资高股份”的薪资模式

2003 年之前，微软公司采用的激励方式是股票期权激励，公司不但对董事和高级管理人员实施股权激励，还为普通雇员订立了股票期权计划。微软公司职员的主要经济来源并非薪水，股票升值是其主要的收益补偿。微软公司树立了一个“低工资高股份”的典范，在全球IT行业持续向上的时候，微软运用这种方法吸引并保留了行业内大量的顶尖人才，大大提高了公司的核心竞争力，使公司持续多年保持全行业领先地位。

※ 职业经理人股权激励方案

所谓职业经理人，是指在一个所有权、法人财产权和经营权分离的企业中承担法人财产的保值增值责任，全面负责企业经营管理，对法人财产拥有经营权和管理权，由企业在职业经理人市场（包括社会职业经理人市场和企业内部职业经理人市场）中聘任，而其自身以年薪、股票期权等为获得报酬主要方式的职业化企业经营管理专家。

对职业经理人实施股权激励，使用最多的是股票期权、限制性股票、业绩股票。对职业经理人的激励要注重长期性。股权激励带来的收入在职业经理人的整体薪资收入中的占比可以高一些。

R公司的股权激励方案

R公司是一家手机生产企业，随着智能手机的兴起，R公司赶上了行业的步伐，迅速崛起。2012年，智能手机市场竞争异常激烈，R公司以前那种粗放式的管理方式逐步暴露出诸多问题。

同时，随着公司的发展壮大，R公司老板林总也开始感觉到自己管理这支庞大的队伍确实有点力不从心。

认识到人才的重要性后，林总决定聘请一位职业经理人来帮助自己打理公司。新上任的李总，工作能力强，各方面条件都不错，公司也开出了优厚的工资待遇，可是李总干了一年就离职了。后来公司又聘请了一位职业经理人赵总，结果不到一个月，赵总就被其他企业挖走了。

林总想不明白，为什么自己已经提供了优厚的工资待遇，并且也授权了，可是却始终留不住这些经理人。

我们咨询团队对R公司进行了走访调查，发现R公司管理非常简单，公司主要有三大核心部门：营销团队、运营团队、综合管理团队。林总作为公司老板，拥有公司100%的股份。赵总是公司的副总，主管营销工作。廖总是公司的第二位副总，主管运营。此外，公司还有研发、行政、人事、财务等部门。之前上任的李总，工作勤勤恳恳，帮助公司实现了持续快速增长的目标，但是由于没有公司股份，得不到相应的分红，在工作一年后便离开了公司。接替他的赵总进入公司后也意识到了股份的问题，所以很快就另觅出路了。

了解情况之后，我们的咨询团队向林总提出了对公司职业经理人进行股权激励的建议。我们并没有急于增设股东大会和监事会，而是先从增设董事会开始，如图 9-3 所示。

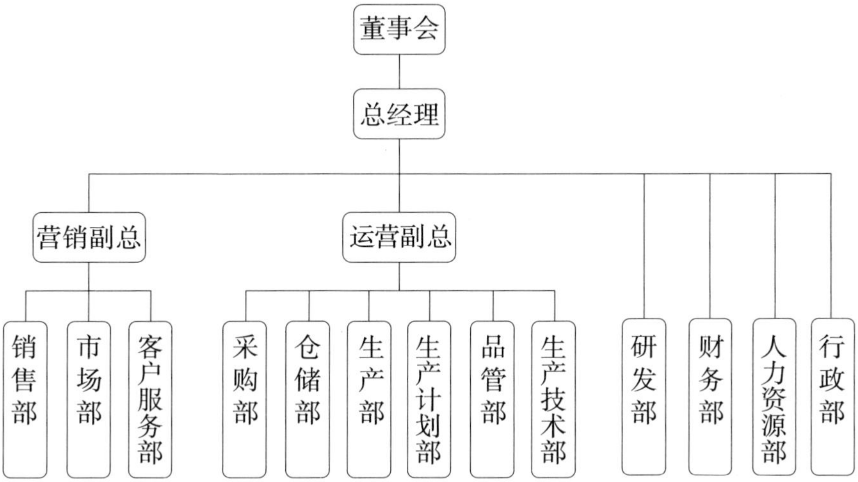

图 9-3　R 公司组织结构

我们将林总设为公司董事长，将林总拥有股份的 9% 用于股权激励。起初，股权激励范围只限于公司核心高管，如表 9-1 所示。

表 9-1　公司核心高管股权激励

姓名	职务	简介
林 ××	董事长	公司创始人，占公司股份 91%
王 ××	总经理	新来的职业经理人，授予 4% 的股份期权
赵 ××	副总经理	公司创业元老，授予 2.5% 的股份期权
廖 ××	副总经理	公司创业元老，授予 2.5% 的股份期权

R 公司股份期权激励方案：

目的：提升核心高管人员工作积极性，促进公司长远、健康发展，吸引更多优秀人才加盟企业，实现企业做大做强的目标。

激励对象：公司总经理、副总经理（目前主要包括王总、赵总、廖总）

激励方式："135 渐进式"股权激励

激励模式：股份期权

激励份额：9%

来源：林总的股份转让

条件：实现相关绩效考核指标

考核指标：利润指标、销售额指标、客户指标、个人品德、岗位价值评估

考核时间：2012 年 1 月 15 日

授予方式：

2012 年进行考核，管理者通过考核后，授予其相应比例的虚拟股份，总经理最高获得 4% 的虚拟股份，并可参与年底分红，副总经理最高可以获得 2.5% 的虚拟股份，并参与公司年底分红。第二年、第三年，根据考核结果，逐步将虚拟股转变为注册股并锁定，激励对象购买股份价格为 2012 年评定价格的 50%。三年之后，股份逐步解锁，解锁期为五年，每年释放股份的 20%。

公司每年至少拿出 30% 的利润进行分红，激励对象依据相应股份获得分红。分红收益分三年发放，第一年发放 50%，第

二年发放 30%，第三年发放 20%。

根据以上政策，王总每年都完成了相应考核指标，具体情况如表 9-2 所示：

表 9-2 股权激励后王总收益分析

年份	销售额	利润	分红比例	分红额	王总股份	分红额	应发
2012	0.8 亿元	1000 万元	35%	350 万元	4%	14 万元	7 万元
2013	1.0 亿元	1400 万元	30%	420 万元	4%	16.8 万元	12.6 万元
2014	1.5 亿元	1600 万元	30%	480 万元	4%	19.2 万元	17.44 万元

注：
2013 年、2014 年，王总有权选择购买公司股份，每年购买股份最高限额为 2%。购买股份的价格为 2012 年年初评定的价格；如 2012 年年初，公司评定资产为 1.5 亿元，则 2013 年，王总需要花费的购买最高限额股份的资金 =1.5 亿元 × 2% × 50%=150 万元。
2015 年 1 月 15 日，王总购买的股份解锁，可以参与行权，行权最高限额为 4% × 20% =0.8%。
假如 2015 年公司资产变成 5 亿元，王总一共花费 300 万元，2015 年可以拥有价值 2000 万元的股份，行权部分股份价值为 400 万元，如果后面每年公司资产增值 10%，到 2020 年 1 月 15 日，王总股份全部解锁，则意味着王总曾经花费 300 万元购买的股份将变成 3221.02 万元。
另外，王总每年都会获得股份的分红收益，可以用于购买股份。若公司引入风投，出现溢价，则王总股份价值会更高。

从表 9-2 可以看出，实施股权激励后，王总在 R 公司工作时间越长，越能推动公司业绩持续快速增长，其在后期获得的收益将会越多，这也是股权激励的魅力所在。如果王总在未获得公司注册股时离开了公司，那么虚拟股份则全部归零。

因此，对职业经理人进行股权激励，通过利益绑定的方式提高职业经理人的归属感，增强企业凝聚力，可以推动企业更好地发展。

※ 普通员工股权激励方案

一般来说，企业的中基层并不是企业实施股权激励的对象。但是，基于某些特殊行业、特殊需要，中基层也有可能成为股权激励的对象。因为中小企业一缺资金，二没品牌，所以实行股权激励是吸引和留住优秀人才的关键。

华为通过员工持股计划实现快速发展

华为如今已经成为中国民营企业的一面旗帜，其在通信设备行业的地位已令那些曾经不把它放在眼里的跨国公司们战栗。其实，华为成立至今也不过30年。华为的成功不是偶然的，而是太多因素综合作用的结果。其中，它早期实施的员工持股计划被公认是其成功的最主要因素。

华为在1987年刚创立时，资本仅为2.4万元，实施股权激励后，华为以非常规的速度快速发展，如今年产值已过千亿元，成为世界500强企业。

股权激励是约束与激励的有机结合。对核心高管进行股权激励应更加关注长期性，对中基层人员进行股权激励则侧重于中短期。世上没有十全十美的股权激励方案，只有最合适的股权激励策略。

※ 股权激励策略：做好长远布局

《中华人民共和国公司法》规定，有限责任公司的股东不得超过 50 个。其实，从另一方面来看，假设未来公司要上市，股东过多必然会影响企业决策，所以控制好股东数量是必须的。

为了避免股权激励中股东结构过于复杂，影响企业经营决策，可以成立类似的持股公司。不过，持股公司不能独立存在，可以是在本公司的基础上成立投资公司，进行防御型统筹，做好股权长远布局。

优化公司股权结构，避免控制权旁落

P 公司是一家机顶盒研发、生产、销售公司，公司产品畅销海内外。公司早期由三位创始人合伙投资运营，分别是：陈总，占股 40%；李总，占股 30%；王总，占股 30%。考虑到未来

发展需要，公司希望实行股权激励，以进一步调动经营者的工作热情。

我们咨询团队进驻企业后对公司做了详细调查，并设计了相应的股权激励方案。考虑到未来发展需要引入风险投资以及上市的需要，我们同时对公司治理结构进行了梳理。

为避免实施股权激励后股权结构过于分散，我们帮助P公司分别成立了两家持股公司。持股公司1由陈总、李总、王总三位原始股东构成，其中陈总是最大股东。持股公司1拥有P公司75%的股份。在持股公司2中，陈总占股1/3，仍然是最大股东。同时公司引进了第一轮风险投资，占股10%。在后期还会有新的风险投资进入，持股公司股份会被逐步稀释，如图9-4所示。

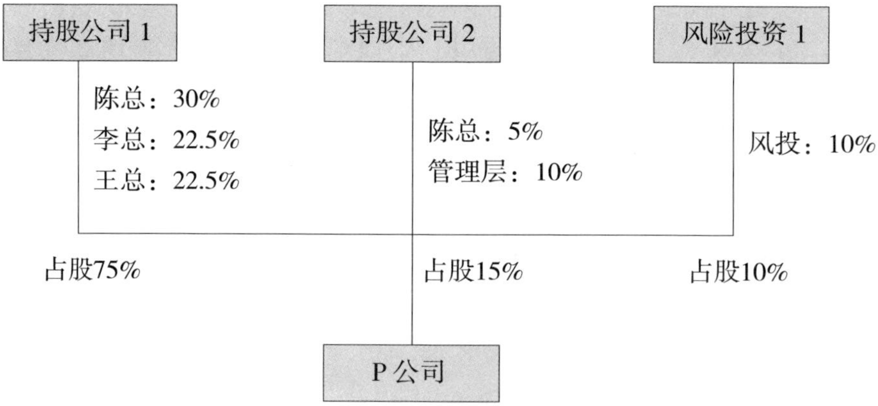

图9-4 P公司股权结构

经过上述股权结构设计，主要避免了股权激励后股东过于分散带来的一系列问题。同时，陈总作为公司法人及原始股东之一，需要掌握公司控制权，因此我们在控制权结构设计上下了一些功夫。随着后期好几轮风险投资进入P公司后，陈总的股份势必会被逐步稀释。要想继续掌握公司控制权，陈总就需要在公司章程设计中制定对自己有利的政策，采取增持公司股份或发行优先股等方式，以避免自己丧失企业控制权。

三藏指引

股权激励要避免单一的布局层次。既要考虑如何激励、约束激励对象，又要考虑长远，避免股权过于分散导致控制结构出现问题。企业创始人要掌握企业控制权，就要提前做好预防，以避免股权被稀释后带来的一系列问题。

第 10 章
管控：完善治理结构，防范企业风险

- ■股权激励中，职业经理人会给企业带来哪些风险？
- ■如何防止职业经理人发生黑老板的行为？
- ■对于职业经理人的不良行为，企业如何防范？
- ■如何完善公司内部治理结构？

前面已经多次谈到公司治理，那么公司治理到底是什么？公司治理，从广义角度理解，是研究企业权力安排的一门学问。从狭义角度上理解，是居于企业所有权层次，研究如何授权给职业经理人，并针对职业经理人履行职务行为行使监管职能的科学。

公司治理主要涉及三类人之间的游戏：企业家、职业经理人和资本家。基于这三类人，企业在实施股权激励过程中，必须清楚各类问题发生的可能性，防患于未然。

※ 激励不当导致控制权旁落

股权激励可能会给员工带来超出预期的收益回报。《商业周刊》做过调查，20 世纪 90 年代，美国上市公司高管人员的平均薪酬是在册员工的 411 倍。在过去的 10 年中，普通员工报酬增长了 36%，CEO 报酬却增长了 340%，大部分来源于股票期权收益。

根据公平收益理论，如果收入差距过分悬殊，员工会产生心理不平衡，没有获得股份的员工的积极性会受到打击，而那些获得了超额回报的员工，生活会变得更加安逸，进取心大大降低。不少职业经理人手头有一定的资金后，甚至会另立门户，开创自己的事业。

但是，如果激励对象通过股权激励获得的收益在其整个薪资收入中占比很低，又难以对激励对象产生积极作用，特别是当指标定得过高，而经理人在实际过程中获得的股份远远低于其预期时，职业经理人工作的动力就会减弱，而且还有可能导致其寻找其他途径获得收益，出现损害股东利益的情况；或者导致其离职，成为竞争对手的员工等。

前面已经讲过股权激励的三条生死线，守住这三条线就可以确保企业控制在创始人的手中。

在企业初创期，股权激励释放的比例最好小于 1/3，这样企业创始人拥有大于 2/3 的股份，意味着企业创始人可以实现完全控股。

企业进入发展期，股权激励的份额要小于 1/2，创始人持股可以在 1/2 以上，保持对企业的绝对控股。

表 10-1　多次增资扩股而不丧失控制权

单位：万元

	A				B			C			D		
	股权金额	总股本	增资金额	股权比例	股权金额	增资金额	股权比例	股权金额	增资金额	股权比例	股权金额	增资金额	股权比例
原始	100	100	0	100%									
增资1	100	150	0	67%	50	50	33%						
增资2	201	401	101	50.1%	100	50	25%	50	50	12%	50	50	12%
增资3	251	501	50	50.1%	100	0	20%	50	0	10%	50	0	10%

通过表 10-1，我们可以清晰地看到，尽管该公司进行了三次增资扩股，但是创始人即 A 通过增资回购，始终确保自己的股份保持在 1/2 以上。

企业进入扩张期，股权激励的份额可以控制在 2/3 以内，创始人持股在 1/3 以上，从而保持创始人对企业的相对控股权。

企业进入扩张期，已经实现了公众治理，这时创始人可以释放更多的股份。当然，企业创始人的股权比例一旦低于 1/2，就需要时刻保持警惕，尽量避免控制权丢失带来的严重后果。

※ 绩效考核错位，引发不公

在上市公司，将股权激励与股票市值挂钩，以单一股价确定股权激励的方法，会导致职业经理人通过操纵股价走势进而获利。而对于非上市公司，考核错位也会引发股权激励的不公。例如，市场行情突变，导致职业经理人轻松完成业绩，或者市场需求锐减，使其完成目标无望等。

谨防绩效考核错位导致激励不公

柯总是X公司的营销副总，在最近的一次股权激励授予中，柯总只获得了少量的股份期权购买权限，所以一直闷闷不乐。

原因是这样的：X公司对核心高管进行股权激励，由于柯总是公司的营销副总，在公司发展中占据举足轻重的地位，自然而然成为这次股权激励的对象。X公司对柯总以业绩考核指标为基础，根据相应考核分值，设计相应股权激励的份额。

成为股权激励的对象后，柯总的工作积极性越发高涨，他没日没夜，不惧各种挑战与困难，带领营销团队冲锋在第一线。然而事与愿违，由于遭遇强势竞争对手的挤压及市场的剧烈变化，X公司并没有完成预定的销售目标，柯总在年底也只获得少得可怜的股份，营销团队的好几个经理在这次股权激励中甚至一无所获，付出与回报完全不相称，好几个他一手栽培的优秀销售经理均被对手挖走，X公司损失惨重。

很显然，X公司的股权激励方案是有问题的：第一，没有充分考虑市场风险对业绩的影响；第二，绩效考核指标过高，导致营销骨干无法完成既定的销售目标，进而积极性被挫伤；第三，绩效考核指标过于单一，有可能造成销售人员只重短期业绩，不利于企业长远发展；第四，没有考虑到营销副总、销售经理等所处岗位不同，而且岗位价值也是不一样的。也就是说，X公司没有将岗位价值分析纳入股权激励考虑的范围。

三藏指引

由于信息的不对称，以及不同人群利益的不一致，股权激励在实施过程中难免会出现问题。因此，股权激励需要适时进行调整，以适应不同环境变化。同时必须建立与股权激励相配套的管控机制，确保股权激励的有效性。

※ 大股东损害小股东的利益

企业初创时，由于股权结构简单，大股东损害小股东利益的现象较少出现。随着企业的发展，尤其是股权激励方案导致股东人数增加，股权进一步释放，以及融资导致资本股的介入，使得股东之间的关系变得复杂。相互之间利益诉求点不同，就有可能出现大股东损害小股东的利益而为自己谋取私利的现象。

目前普遍认同的大股东损害小股东利益的现象表现在：非公平的关联交易、资产置换、金融运作（抵押担保）、转移风险及“分红+配股”等。

设立公司章程，避免股东间利益冲突

U公司大股东在企业取得较好的业绩之后，在股东大会上提议不分红，理由是公司产品需求大涨，要将资金投入扩大再生产，扩大再生产后的资本增值部分远远大于分红所得。如果小股东同意了他的提议，其利益有可能受损。如果大股东确实将企业的利润投入扩大再生产，这对于所有小股东来说是好事，因为大家的资本在增值。可是，如果大股东只是将一小部分利润用于扩大再生产，而将大部分利润转移到自己手中，这就损害了小股东的利益。

该大股东应如何转移利润？一个简单的办法就是通过关联交易。他在股东大会上给大家讲：有一家公司，在原材料供应上质量好、服务好，而且愿意优先给我们供货，只不过价格比市场高25%。他提出这个提案后，希望大家决策要不要和这家公司签约。

如果小股东同意决策，其利益就被大股东损害了，因为这个股东在那家原材料公司占有90%的股份，但他不是法人，股东名册上没有他。同样的利润在U公司分配比在原材料公司分配要少很多，大股东通过操作关联交易价格，巧妙地将本属于小股东的利益转移给了自己。

股东之间的剥夺或利益掏空是一个严重的问题，如果解决不好，企业将面临很大的发展障碍，不可能再往前发展，因为小股东的财富没办法保证，小股东和新股东就会失去投资的积极性。非上市公司主要通过公司章程来预防大股东损害小股东利益的现象发生。

※ 职业经理人损害企业家利益

当信息不对称、监管困难、利益不一致这三个条件在企业家和职业经理人之间同时成立时，就一定会出现职业经理人损害企业家利益的问题。

职业经理人对企业家利益的侵犯主要有两个方面：一方面，职业经理人不能以股东利益为第一诉求，在决策上优先考虑的不是股东利益，而是自己的利益；另一方面，职业经理人有意利用手中权力为自己谋取私利。

职业经理人损害企业家利益的主要形式有短期利益行为、争夺企业控制权、贪污腐败、不合理的在职消费、不作为等。在这里，我们简单谈一下前两种形式。

1. 职业经理人短期行为损害企业长远发展

虽然股权激励能够实现激励的长期性，但是在某一时期，为了追求更高的收益，职业经理人可能出现短期行为，进而损害企业长期利益。

防范职业经理人损害公司利益

方总被V公司选聘为CEO，与V公司签订了3年的合同。V公司是一家大型通信设备生产企业，发展已经比较成熟。对于方总来说，通过提升销售额、降低成本来实现净利润的增加，进而获得更多分红，是一件非常困难的事情。一个简单有效的办法，就是降低研发经费。若该方案通过，可以保证方总在任期内的3年里，每年增加1亿元利润。但是砍掉研发经费，未来一定会带来负面影响，可是这时候，方总已经拿到他想要的收益，并且可以离开公司了。

2. 争夺企业控制权

企业创始人丧失企业控制权而被赶出局，在国内外企业都有发生，前新浪创始人王志东被董事会赶出局，苹果公司乔布斯也曾被董事会解雇，若干年之后又重掌苹果公司大权。经理人和企业创始人争夺企业控制权是一个非常严重的问题，例如国美的职业经理人陈晓和创始人黄光裕争夺企业控制权的事件，就曾成为业界关注的焦点。

国美电器控制权之争

陈晓与黄光裕之间那场2010年的夏秋之战因为其跌宕起伏的剧情引发了公众的极大关注，事件的后续发展也为企业家在企业治理方面敲响了警钟。

陈晓，职业经理人、一个占国美电器1.6%股权的小股东，为何能够撼动国美电器创始人、占股34%的大股东黄光裕？一方面在于黄光裕在任时期赋予董事会过高的权力，另一方面在于以贝恩资本为首的投资机构的介入与左右。

2008年，黄光裕夫妇因涉嫌内幕交易，先后被警察带走调查。黄光裕的出事引发供应商大量追讨货款、银行集中上门追债等一系列事情。在危难关头，陈晓临危受命，力挽狂澜，重新将国美这艘巨型航母带入正轨。同时，也将贝恩资本带入局中，为后期的陈黄之争奠定了基础。

一方面，陈晓与黄光裕的博弈围绕股票增发展开；另一方面，股东大会的选票争夺战也非常激烈。贝恩资本是左右这场控制权争夺战的关键。

陈晓谋求国美控制权主要有三步棋：一是联手贝恩资本，笼络高管“去黄光裕化”；二是盲目给部分管理人员期权，变相收买人心；三是在控制董事会后，利用股东会的信任，继续发行新股，摊薄大股东股份，联手国外资本，妄图使国美电器这个民族品牌沦为外资品牌。

最终，陈黄之争以贝恩资本与黄光裕阵营的互相妥协、陈晓的出局及张大中的接任而宣告结束，这也给后人留下了不少启示。

针对职业经理人与创始股东争夺企业控制权的问题，创始人需要提前做好布局，牢牢掌控股份的三条控制线：即 2/3、1/2、1/3。同时，企业需要不断完善公司治理结构，包括董事会制度、股东大会制度、监事会制度等，避免经理人损害股东利益。

※5 道防线防范经理人不良行为

股权激励在激励和约束公司经理人的行为方面发挥了重要作用，但是并不是说做好股权激励就能解决一切问题。要防止公司治理中出现的问题，企业除了需要做好股权激励，还需要建立与股权激励相配套的基本防线，如图 10–1 所示。

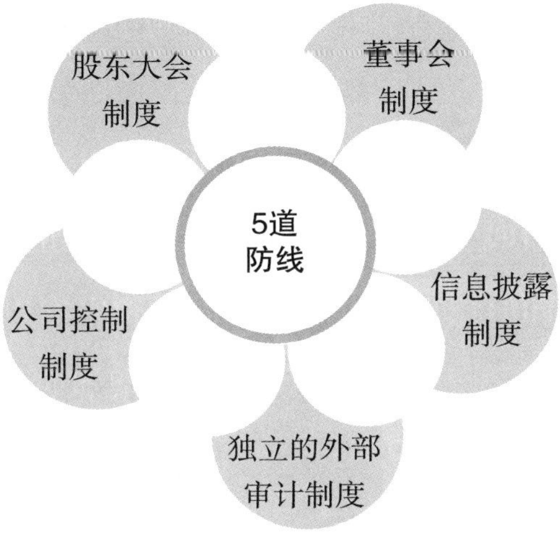

图 10-1　职业经理人风险防范的5道防线

1. 股东大会制度

理论上而言，股东大会为最高权力机构和决策机构，股东大会是股东意志的体现，也是股东保护自己、避免职业经理人损害股东利益的一道重要防线。

①通过影响董事会进而影响职业经理人

股东大会对职业经理人的治理是间接的。从法律角度讲，股东大会没有权力直接调换工作能力不强的职业经理人，但股东可以通过手里的投票权威胁董事会，使得董事会更加关心股东的利益诉求，按照股东的意志对职业经理人进行监控和激励。

②通过相关决议对职业经理人实施股权激励

从事权的角度考虑，股东大会可以通过相关决议，实施对职业经理人的股权激励计划，从而一方面有效约束职业经理人的行为，另一方面激励职业经理人努力工作。

③外部股东介入，深入影响经理人行为

在股东大会中，有一支特殊的力量，那就是机构投资者。所谓机构投资者就是把单个投资者、单个机构或团体组织的资金积累起来，并代表这些分散投资者进行投资的法人机构。机构投资者可以对董事会施加影响，并根据需要介入对公司的监控，还可以在股东大会上提交相关议案，参与投票等。

2. 董事会制度

董事会制度是防范职业经理人的核心防线。这是因为董事会可以直接选择、聘任、解雇经理人，并决定经理人的报酬，而且信息披露制度、独立的外部审计制度和公司外部治理结构要真正发挥作用，同样需要依赖董事会的高效运作。

①董事会的职责：决策与监控

董事会要代表股东行使相关决策与监控的权力。具体来讲，董事会的职责包括：领导、参与、审核、批准和监督战略制定与战略执行；选择、评估和激励职业经理人；确保公司财务安全；确保信息披露的真实；审核、批准、参与和监督公司投融资活动；确保公司治理结构的有效性。

②独立董事的作用

独立董事是指在公司担任董事，但不在公司任职，并且在社会关系和经济关系上与管理层、大股东没有重要关联。董事会中占有一定比例的独立董事，一方面可以以独立、自由的角度审视公司管理决策，评估公司绩效和监督大股东的行为；另一方面，作为公司聘请的“警察”，他们通常在企业管理、财务管理、会计审计、金融运作、商业模式创新、公司治理等方面有着丰富的经验，对董事会的决策能够给予有效的帮助。当然，在防范职业经理人的风险方面也具有积极的作用。

3. 信息披露制度

信息披露制度是董事会制度的辅助制度，目的在于减少股东和董事会之间以及董事会和经理人之间的信息不对称。有了信息披露制度，才可以有效防止职业经理人的不作为及损害股东利益的行为。

信息披露制度到底披露哪些内容？总体而言，包括财务信息和非财务信息，具体内容如下。

①中肯、及时的财务报告

及时有效的财务信息能帮助投资者预测公司未来价值和风

险，帮助股东分析公司可能存在的隐患，杜绝职业经理人的不良行为。财务报告中，所有的信息都是围绕三张表——损益表、资产负债表、现金流量表进行披露的。三张表建立起多层次的披露制度，确保管理这些资产的职业经理人履行相应职责。

②公司所有权和控制权披露

在国内，不少公司股权结构错综复杂，公司决策权和现金流权分离程度比较高，表面上的控股股东和实际控制人并不一致。因此披露公司所有权和控制权的相关信息，也是对所有股东负责的表现。

③董事和职业经理人的薪酬披露

通过提高公司薪酬制度的透明度，防止董事和职业经理人领取过高的、与其业绩根本不对称的薪酬，从而达到遏制管理层腐败的目的。

董事和职业经理人薪酬披露的主要内容包括：薪酬委员会的组成，董事和职业经理人的薪酬报告作为公司年度报告组成部分或附录；公司对管理层的薪酬政策，包括薪酬水平、同行业主要竞争对手的薪酬水平、管理层的薪酬构成比例、考核业绩的指标及其标准、雇佣合同和提前解约所给予的离职补偿。

④公司治理结构报告

公司治理结构的信息披露包括公司内控体系的有效性、董事会的结构特征及管理层变化等。公司治理结构的信息虽然不像财务报告那样可以直接反映当期公司的价值，但是这些信息是投资者对于公司长远价值判断的重要依据。

⑤其他内容

对于其他信息要不要披露，我们可以依据这个原则来判断——是否对股东的价值和风险具有驱动作用，如果有，那就需要披露；反之，就不需要披露。

4. 独立的外部审计制度

强制信息披露制度是为了解决信息不对称的问题，但是如果信息披露出现造假，还不如不披露。职业经理人提供的年报在对外披露之前，必须由独立的第三方会计师事务所进行审计，以确保财务信息的真实性。

在具体对公司进行外部独立审计过程中，重点审查以下5个方面的内容：财务报表的准确性；公司持续运营能力或清偿能力的判断；是否存在欺诈；公司的运营是否遵规守法；公司是否体现了社会责任感。

5. 公司控制制度

资本市场的有效性为投资者提供了纠正公司管理不善的可

能性，如果因为职业经理人的低效而导致公司业绩低迷，股东就会对其产生不信任，并试图将其更换。

当外部股东对管理层失去信心时，其就会卖掉股票走人。当卖掉股票的股东多了，就会引起公司股价下跌。这时，董事会需要找“替罪羊”，管理层就面临被解雇的威胁。如果外部股东对公司情况仍然不满意，会继续抛售公司股票，这时候几个具有相对控制权的股东，就会改组董事会。如果股票继续被抛售，致使这家公司的股票价格远远小于它的真实价值，所有的投资机构都会强烈建议买进该公司的股票，就会给潜在敌意接管者一个非常好的并购机会。当收购者获得控制权之后，就会按照自己的意愿改组董事会和管理层。

公司控制权市场适合股权较分散的上市公司。如果股权较集中，公司控制权市场对经理人的影响不大。

三藏指引

公司治理中的5道防线是有效管控和激励经营者行为的基本防线，而股权激励是激励和约束激励对象的关键防线。